JN041746

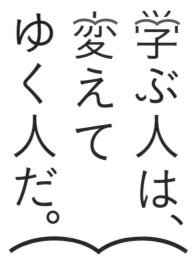

学ぶ人は、変えてゆく人だ。

目の前にある問題はもちろん、

人生の問いや、

社会の課題を自ら見つけ、

挑み続けるために、人は学ぶ。

「学び」で、

少しずつ世界は変えてゆける。

いつでも、どこでも、誰でも、

学ぶことができる世の中へ。

旺文社

はじめに

　速読力を付けるにはどうすればよいでしょうか。But の後ろに注目する？　読み飛ばしても良い箇所を探す？　パラグラフの最初を意識する？　……そんなことより，もっと根本的に養うべき力があります。**速読に必要な力は，「1 文を正確に速く読む力」**です。言うまでもなく，まずは 1 文 1 文を正確に理解できる必要があります。そして，1 文 1 文を読むスピードが速くなれば，長文全体を読むスピードも速くなるわけです。

　本書は，**「1 文を正確に速く読む力」**を養うためのトレーニング本です。英語を読む上で必要な知識や思考回路を，一通り学ぶことができます。それも，ただ読んで理解するだけでなく，**自分の手で記号を振ったりカッコでくくったりしながら，英語の仕組みを体に染み込ませていきます**。小学生の頃，誰しも「漢字ドリル」をやったことがあると思います。嫌な思い出かもしれませんが，今みなさんが漢字を使いこなせるのは，そのドリルのおかげかもしれません。**基礎的な事柄を体に染み込ませるためには，自分の手を動かして「地道な反復練習」をするのが効果的なのです**。また，英語は「言語」ですから，手を動かすだけでは不十分です。耳や口を使って「音」で勉強する必要があります。本書は**英文音声を無料でダウンロードできます**から，繰り返し聞いて，繰り返し音読しましょう。

　またドリルを解く際は，必ず**各課のポイントを意識しながら解いてください**。スポーツや音楽における基礎トレーニングと同様，何も意識せずただ漫然とやっていても，何も習得できません。特に，**「品詞」と「文型」への意識は，常に高く持っていてください**。

　ところで，大学入試の英文は，ものすごく細かい文法知識がないと読めないと思っている人がいますが，実際はそんなことはありません。**本書の内容をマスターし，語彙力を高めれば，たいていの大学入試の英文は読むことができます**。実際，巻末の「入試実戦演習」では，共通テスト・関関同立・MARCH・国公立大で実際に出題された英文を扱っています。ややハードルは高めですが，本書で扱う内容を習得できていれば訳すことのできる問題です。

　どんなに長い文章も，あくまで「1 文」の集合体です。繰り返しになりますが，1 文を正確に読める力こそ，長文読解における基礎力です。「読まなくても解ける」みたいな怪しいテクニックに頼るのではなく，「読めるから解ける」という快感を味わうべく，焦らず着実に，盤石な基礎力を養いましょう。本書が，そのお手伝いをします。

千代崇裕（ちよ・たかひろ）
河合塾講師。同志社大学文学部英文学科卒。アメリカに留学し，カリフォルニア大学において英語教授法 TEFL Certificate を取得。基礎レベルから最難関レベルまで幅広く担当し，毎年多くの生徒から支持を得ている。英検 1 級。

本書の特長と使い方

たくさん書くためのドリルがメインの学習書です。

Chapterの全体像をさっとつかむ

各 Chapter で取り組む項目を把握しましょう。
基本的な知識をまとめて確認することもできます。

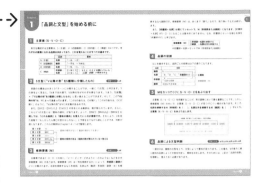

ドリルで書く・聞く!

各課のドリルは 4 つの形式で構成されています。ドリル 1 と 2 は同じ英文でシンプルな構造のもの，ドリル 3 と 4 はドリル 1 と 2 の英文を少し応用した英文です。ドリル 1-4 の英文は，音声を聞くことができます（利用法は次ページ参照）。1 課の目安は 15 分程度です。

ドリル 1234	〈基礎〉 文構造の なぞり書き
ドリル 1234	〈基礎〉 文構造の分析
ドリル 1234	〈応用〉 文構造の分析＋ 空所の日本語訳
ドリル 1234	〈応用〉 文構造の分析＋ 日本語訳

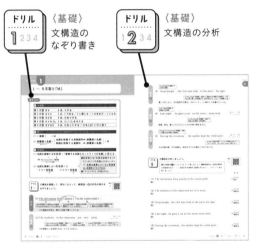

ドリル2の答えはドリル1にあります。

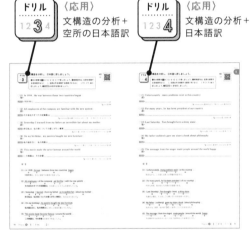

ドリル3とドリル4の答えはページの下部にあります。

入試実戦演習　大学入試問題にチャレンジ!

最後に大学入試過去問題に取り組んで，入試対策の基礎力が付いたことを確認しましょう。設問形式を実際の入試問題から変更したものもあります。

本書で使う記号

S…主語　　**V**…述語動詞　　**O**…目的語　　**C**…補語　　to *do*…不定詞　　*do*…動詞の原形
doing…現在分詞／動名詞　　*done*…過去分詞　　*A , B*…任意の名詞
( )…省略可能　　[ ]…言い換え可能　　名形動副前代…単語の品詞

付属サービスの利用法 ── 音声・英文リスト

　本書の音声は，各ページの二次元コード，特典サイト，旺文社公式リスニングアプリ「英語の友」（iOS/Android）から無料で聞くことができます。

　また，本書で学ぶドリル 1-4 の英文をまとめた PDF を特典サイト上でダウンロードすることができます。

二次元コードで音声を聞く - - - - - - - >

　各ページの二次元コードをスマートフォン・タブレットで読み込んで，音声を再生することができます。

特典サイトで音声を聞く・英文リストをダウンロードする

1 パソコンからインターネットで専用サイトにアクセス

　URL：https://service.obunsha.co.jp/tokuten/hajime/

2 『はじめの英文読解ドリル』をクリック

3 パスワード「**hajimer**」をすべて半角英数字で入力

　・**音声ファイルをダウンロード**（またはウェブ上で再生）

　・**英文リストをダウンロード**

> **注意** スマートフォンやタブレットでは音声をダウンロードできません。　▶ ダウンロードについて：音声ファイルはMP3形式です。ZIP形式で圧縮されていますので，解凍（展開）して，MP3を再生できるデジタルオーディオプレーヤーなどでご活用ください。解凍（展開）せずに利用されると，ご使用の機器やソフトウェアにファイルが認識されないことがあります。デジタルオーディオプレーヤーなどの機器への音声ファイルの転送方法は，各製品の取り扱い説明書などをご覧ください。　▶ 音声を再生する際の通信料にご注意ください。　▶ ご使用機器，音声再生ソフトなどに関する技術的なご質問は，ハードメーカーもしくはソフトメーカーにお願いします。　▶ 本サービスは予告なく終了することがあります。

旺文社公式リスニングアプリ「英語の友」（iOS/Android）で音声再生

1 「英語の友」公式サイトよりアプリをインストール

　右の二次元コードから読み込めます。

　URL：https://eigonotomo.com/

2 ライブラリより『はじめの英文読解ドリル』を選び，「追加」ボタンをタップ

> **注意** ▶ 本アプリの機能の一部は有料ですが，本書の音声は無料でお聞きいただけます。　▶ アプリの詳しいご利用方法は「英語の友」公式サイト，あるいはアプリ内のヘルプをご参照ください。　▶ 本サービスは予告なく終了することがあります。

目次　CONTENTS

関係者一覧　│　組版：岩岡印刷／装丁・本文デザイン：しろいろ／表紙イラスト：©tibori－stock.adobe.com／
音声収録・編集：株式会社巧芸創作／音声サイト：牧野剛士／編集協力：株式会社オルタナプロ／
校正：Ross Tulloch，Jason A. Chau，大磯巌，大河恭子，笠井喜生，武田裕之／編集担当：清水理代

「品詞と文型」を始める前に

1 主要素 (S・V・O・C)

英文を構成する主要素は，S（主語）・V（述語動詞）・O（目的語）・C（補語）の4つです。**それぞれの要素になれる品詞は決まっており，これを覚えることがすべての基本です。**

	品詞	意味
S（主語）	名詞	「～は，～が」
V（述語動詞）	動詞	「～する，～である」
O（目的語）	名詞	「～を，～に，～と」
C（補語）	形容詞・名詞	【SはCだ】 【OはCだ】 SとC，OとCの間にイコール（主語―述語）の関係を作る

2 5文型（"V以降の形"を5種類に分類したもの） 学習ページ ▶ p.8

英語の文構造は大きく5パターンに分類することができ，一般に「5文型」と呼びます。下の表をよく見ると，SVまでは共通で，V以降の形がそれぞれ異なります。つまり，**「5文型」＝「"V以降の形"を5種類に分類したもの」**と言い換えることができます。そして，この**"V以降の形"は，Vによって決まっています。**「このVの後ろは，Oが続く」「このVの後ろは，OCが続く」のように，"V以降の形"はVに決定権があるのです。

また，【SVC】・【SVO₁O₂】・【SVOC】の形をとる動詞は，数が限られています。さらに，これら3つの文型には「意味の傾向」があります。よって，**【SVC】・【SVO₁O₂】・【SVOC】に関しては，「とれる動詞」と「意味の傾向」を覚えていくのが得策です。**それにより，Vを見た段階で「もしかしたら第○文型かもしれない」と予想を立てながら読むことができ，判断が速くなります。これらの動詞はChapter1-4～1-6で整理します。

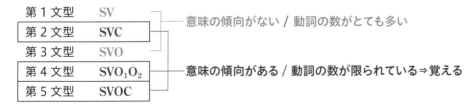

3 修飾要素 (M) 学習ページ ▶ p.8

主要素であるS・V・O・Cの他に，「いつ・どこで・どのように・どのような」などを示す修飾要素（M）があります。修飾要素（M）は「何を修飾するか」によって，**形容詞**と**副詞**の2つに分類されます。名詞を修飾するなら形容詞，名詞以外（動詞・形容詞・副詞・文）を修

飾するなら副詞です。修飾要素（M）は，あくまで「飾り」なので，取り除いても文は成立します。

また，【前置詞＋名詞】は常にワンセットで，M（形容詞または副詞）になります。【前置詞＋名詞】がS・O・Cになることは基本的にありません。なお，前置詞とセットを組む名詞を「前置詞のO」と呼びます。

修飾要素（M）	①形容詞＝名詞を修飾する ②副詞　＝名詞以外を修飾する

※前置詞＋名詞＝セットでM（形容詞または副詞）

4　品詞の役割

以上を総合すると，品詞ごとの役割は以下の通りになります。

品詞	役割	
動詞	V	
名詞	① S　② O　③ C　④ 前置詞の O	主要素
形容詞	① C ② 名詞を修飾	修飾要素（M）
副詞	名詞以外を修飾	

5　Mをカッコでくくり，S・V・O・Cをあぶり出す

主要素（S・V・O・C）を把握することが，英文読解において最も重要なことです。しかし，修飾要素（M）のせいで，主要素（S・V・O・C）が見つけにくい場合があります。そこで，名詞を修飾するM（形容詞）を（　　），名詞以外を修飾するM（副詞）を〈　　〉でくくり，主要素（S・V・O・C）をあぶり出します。

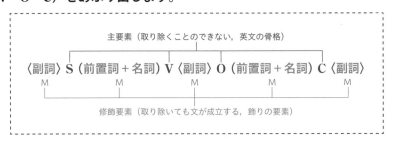

6　品詞による文型判断　学習ページ▶ p.12, p.16, p.20, p.24, p.28

一部のVは，複数の文型をとり，文型によって意味が変わります。この場合，Vの後ろに続く語句の品詞によって文型を判定し，意味を決定します。そのためには，上記の「品詞の役割」を理解し，覚えておく必要があります。

1 ››› 5文型と「M」

ポイント

⚠ 5文型

第1文型	**S V**	Sは，Vする
第2文型	**S V C**	Sは，Cである / Cに感じる / Cのままだ / Cになる
第3文型	**S V O**	Sは，OをVする
第4文型	**S V O₁O₂**	Sは，O₁にO₂を与える
第5文型	**S V O C**	Sは，OをCにする / Oを [は] Cだと思う

⚠ M 『いつ・どこで・どのように』などを示す修飾語句。慣れてきたら，Mとは記さず，（ ）や〈 〉でくくるだけでもよい。

(1) 〈 **副詞** 〉 ＝ M

(2) <u>前置詞＋名詞</u> ＝ ⎰ 名詞を修飾する **形容詞句** ➡（前置詞＋名詞）⎱ ＝ M
　　~~常にセット~~ 　　⎱ 動詞を修飾する **副詞句** ➡〈前置詞＋名詞〉⎰

⚠ 形容詞

(1) **名詞を修飾する形容詞 ＝「修飾する名詞とセットで1つの名詞」と捉える**

　（例）**a beautiful lady**
　　　　　　形　　　名
　　　　<u>セットで名詞</u>

> ❶形容詞には「名詞を修飾する」か「C」の2つの役割しかない。よって，名詞を修飾していない形容詞は，自動的に「C」である。
> ❷「S＝C」「O＝C」が成立する。

(2) **名詞を修飾しない形容詞 ＝ C**
　　・S V＋<u>形容詞</u>　　・S V O＋<u>形容詞</u>
　　　　　　　C　　　　　　　　　　　C

ドリル 1 2 3 4　文構造を意識して，例文にならって，練習❶〜❹の灰色の部分をなぞりましょう。
01

例文

(1) The old woman lives 〈 quietly 〉〈 in the countryside 〉.
　　　　　　S　　　　　　V　　　　M　　　　　　　　M

> oldは「形容詞」で，名詞womanを修飾。The old womanをセットで「S」と捉える。

> quietlyは「副詞」で，動詞livesを修飾。副詞は「S・O・C」になれない。

> in the countrysideは「前置詞＋名詞」で，動詞livesを修飾する副詞句。

その高齢の女性は，静かに田舎で暮らしている。

練習 ①

(2) The students（ in the classroom ）are 〈 very 〉 noisy.
　　　　S　　　　　　　M　　　　　　　V　　M　　　C

✎ noisy 形
うるさい，騒々しい

> in the classroomは「前置詞＋名詞」で，名詞studentsを修飾する形容詞句。

> veryは「副詞」で，形容詞noisyを修飾。

> noisyは「名詞を修飾していない形容詞」なので「C」。S V Cなので，「The students＝noisy」が成り立つ。

その教室にいる生徒たちは，とてもうるさい。

練習 2

Surprisinglyは「副詞」で、文全体を修飾。

(3) 〈 Surprisingly 〉, the rich man took 〈 to the party 〉 his tiger.
　　　　　M　　　　　　　 S　　　 V　　　　　　　　　　　　　 O

to the partyは「前置詞＋名詞」で、動詞tookを修飾する副詞句。この文では文末に置くのが普通だが、文章の流れによっては、この語順になる。

驚くべきことに、その金持ちの男は、そのパーティーに彼のトラを連れていった。

練習 3

Last nightは「副詞」で、動詞gaveを修飾。

(4) 〈 Last night 〉, he gave a cat 〈 on the street 〉 some food.
　　　　　M　　　　　S　 V　 O₁　　　　　M　　　　　　　O₂

✎ give O₁O₂ 動
O₁にO₂を与える

on the streetは「前置詞＋名詞」で、名詞catを修飾する形容詞句。

昨晩、彼は、道にいたネコにいくらかの食べ物を与えた。

練習 4

During the ceremonyは「前置詞＋名詞」で、動詞keptを修飾する副詞句。

(5) 〈 During the ceremony 〉, the mother kept her child quiet.
　　　　　　M　　　　　　　　　　 S　　　 V　　 O　　 C

✎ keep OC 動
OをCのままにする

quietは「名詞を修飾していない形容詞」なので「C」。ＳＶＯＣなので、「her child ＝ quiet」が成り立つ。

その式典の間、その母親は、彼女の子どもを静かにさせておいた。

ドリル 1 **2** 3 4

文構造を分析しましょう。

🔊 01

❶文の要素を ▐▶ に（ S・V・O・C ）で表しましょう。❷修飾語句は、名詞を修飾する形容詞句なら（　　）、名詞以外を修飾する副詞（句）なら〈　　〉でくくり、Mと記しましょう。

解 答

☐ (1) The old woman lives quietly in the countryside .
▐▶

▶ ドリル1
例文

☐ (2) The students in the classroom are very noisy .
▐▶

▶ ドリル1
練習 ❶

☐ (3) Surprisingly , the rich man took to the party his tiger .
▐▶

▶ ドリル1
練習 ❷

☐ (4) Last night , he gave a cat on the street some food .
▐▶

▶ ドリル1
練習 ❸

☐ (5) During the ceremony , the mother kept her child quiet .
▐▶

▶ ドリル1
練習 ❹

ドリル 3 文構造を分析し，日本語に訳しましょう。

> ❶文の要素を ▷ に（S・V・O・C）で表しましょう。❷修飾語句は，名詞を修飾する形容詞句なら（　　），名詞以外を修飾する副詞（句）なら〈　　〉でくくり，Mと記しましょう。❸ 日本語訳 ▷ の空所を埋めましょう。

☐ (1) In 1939 , the war between those two countries began .
▷

日本語訳 ▷ 1939 年に，＿＿＿＿＿＿＿＿＿＿＿＿＿＿＿＿＿＿＿＿＿＿＿＿＿＿＿＿＿。

✎ war 名 戦争

☐ (2) All employees of the company are familiar with the new system .
▷

日本語訳 ▷ その会社のすべての従業員は，＿＿＿＿＿＿＿＿＿＿＿＿＿＿＿＿＿＿＿＿＿。

✎ employee 名 従業員／familiar (with ~) 形 （~を）熟知している，よく知っている

☐ (3) Yesterday I learned from my father an incredible fact about my mother .
▷

日本語訳 ▷ 昨日私は，私の母についての信じがたい事実＿＿＿＿＿＿＿＿＿＿＿＿＿＿＿＿。

✎ learn 動 ~を知る／incredible 形 信じがたい／fact 名 事実

☐ (4) On my birthday , my parents bought me new furniture .
▷

日本語訳 ▷ 私の誕生日に，私の両親は＿＿＿＿＿＿＿＿＿＿＿＿＿＿＿＿＿＿＿＿＿＿＿。

✎ buy $O_1 O_2$ 動 O_1 に O_2 を買ってあげる／furniture 名 家具

☐ (5) This movie made the actor famous around the world .
▷

日本語訳 ▷ この映画は，その俳優＿＿＿＿＿＿＿＿＿＿＿＿＿＿＿＿＿＿＿＿＿＿＿＿＿。

✎ make OC 動 O を C にする／actor 名 俳優

解答

(1) 〈In 1939〉, the war （between those two countries） began.
　　　M　　　　S　　　　　　　　　　M　　　　　　　　　V
1939 年に，その 2 国間での戦争が始まった。

(2) All employees （of the company） are familiar 〈with the new system〉.
　　　S　　　　　　　　　　　　　　　　V　　C　　　　　M
その会社のすべての従業員は，その新しいシステムを熟知している。

(3) 〈Yesterday〉 I learned 〈from my father〉 an incredible fact （about my mother）.
　　　M　　　　S　V　　　　　M　　　　　　　　O　　　　　　　M
昨日私は，私の母についての信じがたい事実を，私の父から知った。

(4) 〈On my birthday〉, my parents bought me new furniture.
　　　M　　　　　　　S　　　　V　O_1　O_2
私の誕生日に，私の両親は私に新しい家具を買ってくれた。

(5) This movie made the actor famous 〈around the world〉.
　　　S　　　　V　　O　　　C　　　M
この映画は，その俳優を世界中で有名にした。

ドリル 1 2 3 4 文構造を分析し，日本語に訳しましょう。 03

❶文の要素を■▶に（**S・V・O・C**）で表しましょう。❷修飾語句は，名詞を修飾する形容詞句なら（　），名詞以外を修飾する副詞(句)なら〈　〉でくくり，**M**と記しましょう。❸ 日本語訳 ▶に訳を記しましょう。

☐ **(1)** Unfortunately , many problems exist in this country .
■▶

日本語訳 ▶＿＿＿＿＿＿＿＿＿＿＿＿＿＿＿＿＿＿＿＿＿＿＿＿＿＿＿＿

✎ unfortunately 副 残念ながら, 不幸にも／exist 動 存在する

☐ **(2)** For many years , he has been president of our country .
■▶

日本語訳 ▶＿＿＿＿＿＿＿＿＿＿＿＿＿＿＿＿＿＿＿＿＿＿＿＿＿＿＿＿

✎ president 名 大統領, 社長

☐ **(3)** Last Saturday , Tom brought here a shiny stone .
■▶

日本語訳 ▶＿＿＿＿＿＿＿＿＿＿＿＿＿＿＿＿＿＿＿＿＿＿＿＿＿＿＿＿

✎ bring 動 〜を持ってくる／shiny 形 輝いている

☐ **(4)** My father suddenly gave my sister a book about philosophy .
■▶

日本語訳 ▶＿＿＿＿＿＿＿＿＿＿＿＿＿＿＿＿＿＿＿＿＿＿＿＿＿＿＿＿

✎ suddenly 副 突然／philosophy 名 哲学

☐ **(5)** The message from the singer made people around the world happy .
■▶

日本語訳 ▶＿＿＿＿＿＿＿＿＿＿＿＿＿＿＿＿＿＿＿＿＿＿＿＿＿＿＿＿

解 答

(1) 〈Unfortunately〉, many problems exist 〈in this country〉 .
　　　　M　　　　　　S　　　　V　　　　M
残念ながら，この国には多くの問題が存在する。

(2) 〈For many years〉, he has been president （of our country） .
　　　M　　　　　　 S　　V　　　　C　　　　M
何年もの間，彼は私たちの国の大統領である。

(3) 〈Last Saturday〉, Tom brought 〈here〉 a shiny stone.
　　　M　　　　　　S　　V　　　M　　　O
先週の土曜日，トムはここに輝いている石を持ってきた。

(4) My father 〈suddenly〉 gave my sister a book （about philosophy） .
　　S　　　　M　　　V　　O₁　　O₂　　　M
私の父は，突然，私の姉［妹］に哲学についての本を与えた。

(5) The message （from the singer） made people （around the world） happy.
　　S　　　　M　　　　　V　　O　　　M　　　　C
その歌手からのそのメッセージは，世界中の人々を幸せにした。

2 ››› 文型の判別＆複数の文型をとる動詞①

ポイント

- SV ＋ 形容詞
  C

- SVO ＋ 形容詞
  C

❶形容詞には「名詞を修飾する」か「C」の2つの役割しかない。
　よって，名詞を修飾していない形容詞は，自動的に「C」である。
❷「S＝C」「O＝C」が成立する。

- SV ＋ 名詞…「Sとのイコール関係」が成立するならC，成立しないならO

SV ＋ 名詞	・SV ＋ 名詞
S＝C C	S≠O O

- SVO ＋ 名詞…「Oとのイコール関係」が成立するならC，成立しないならO

SVO ＋ 名詞	・SVO₁ ＋ 名詞
O＝C C	O₁≠O₂ O₂

名詞は「O」にも「C」にもなれるので，品詞
以外の判断基準が必要となる。SまたはOと
のイコール関係の成立可否で判断する。

⚠ 複数の文型をとり，文型によって意味が変わる動詞①

keep C	Cのままである	make O	O を作る	turn	回る，曲がる
keep O	O を保つ，保管する	make O₁O₂	O₁ に O₂ を作ってあげる	turn C	C になる
keep OC	O をCのままにする	make OC	O をC にする	turn O	O を回す，向ける
choose O	O を選ぶ	leave	去る，出発する	taste C	C な味がする
choose O₁O₂		leave O	O を去る，出発する	taste O	O を味見する
	O₁ に O₂ を選んであげる	leave O₁O₂	O₁ に O₂ を残す	smell C	C なにおいがする
choose O (to be / as) C		leave OC	O をC のまま放置する	smell O	O のにおいを嗅ぐ
	O をC に選ぶ				

※OとCの間に，to beやasが入ることがある。この場合，to beやasに下線や記号は付さない。

ドリル 1 2 3 4　文構造を意識して，例文にならって，練習❶〜❹の灰色の部分を
なぞりましょう。

04

例文

(1) The baby (on the bed) kept quiet.
　　　S　　　　　　M　　　　V　　C

on the bedは「前置詞＋名詞」で，
名詞babyを修飾する形容詞句。

quietは「名詞を修飾していない形容詞」なので「C」。
SVCなので，「The baby＝quiet」が成り立つ。

ベッドの上の赤ん坊は，黙ったままだった［静かにしていた］。

練習 ❶

(2) He keeps his money 〈 in the safe 〉.
　　 S　　V　　　O　　　　　　M

「He≠his money」なので，
his moneyは「O」だと判断。

in the safeは「前置詞＋名詞」で，
動詞keepsを修飾する副詞句。

🖊 safe 名
金庫

彼は，彼のお金を金庫に保管している。

練習
2

selfishは「形容詞」で, 名詞behaviorを修飾。
your selfish behaviorをセットで「S」と捉える。

veryは「副詞」で, 形容詞angryを修飾。
副詞は「S・V・O・C」になれない。

🖉 behavior 名
振る舞い, 行動

(3) 〈 Clearly 〉, your selfish behavior made the professor 〈 very 〉 angry.
　　　　M　　　　　　　　　　S　　　　　　　　　V　　　　　O　　　　　M　　　C

Clearlyは「副詞」で,
文全体を修飾している。

angryは「名詞を修飾していない形容詞」なので「C」である。
SVOCなので, 「the professor＝angry」が成り立つ。

明らかに, あなたの自己中心的な振る舞いは, その教授をとても怒らせた。

練習
3

(4) The famous cook (at the restaurant) made her a special dinner.
　　　　　　S　　　　　　　　　M　　　　　　　V　　O₁　　　O₂

at the restaurantは「前置詞＋名詞」で,
名詞cookを修飾する形容詞句。

「her≠a special dinner」なので,
a special dinnerは「O」だと判断。

そのレストランの有名な料理人が, 彼女に特別な夕食［食事］を作ってくれた。

練習
4

(5) He made her a great actress.
　　 S　 V　 O　　　C

🖉 actress 名
女優

「her＝a great actress」なので,
a great actressは「C」だと判断。

彼は, 彼女を偉大な女優にした。

ドリル
1 **2** 3 4

文構造を分析しましょう。

04

❶文の要素を▐▶に（S・V・O・C）で表しましょう。❷修飾語句は, 名詞を修飾する形容詞句なら（　　）, 名詞以外を修飾する副詞（句）なら〈　　〉でくくり, Mと記しましょう。

解 答

□(1) The baby on the bed kept quiet .
　▐▶

ドリル1
例文

□(2) He keeps his money in the safe .
　▐▶

ドリル1
練習 ❶

□(3) Clearly , your selfish behavior made the professor very angry .
　▐▶

ドリル1
練習 ❷

□(4) The famous cook at the restaurant made her a special dinner .
　▐▶

ドリル1
練習 ❸

□(5) He made her a great actress .
　▐▶

ドリル1
練習 ❹

05

ドリル ③ 文構造を分析し，日本語に訳しましょう。

❶文の要素を▮▶に（**S・V・O・C**）で表しましょう。❷修飾語句は，名詞を修飾する形容詞句なら（　），名詞以外を修飾する副詞（句）なら〈　〉でくくり，**M**と記しましょう。❸ **日本語訳▶** の空所を埋めましょう。

☐ (1) I will choose him a new smartphone .
▮▶

日本語訳▶ 私は，彼＿＿＿＿＿＿＿新しいスマートフォン＿＿＿＿＿＿＿＿＿＿＿＿＿＿＿つもりだ。

☐ (2) We will choose him as a new member of the committee .
▮▶

日本語訳▶ 私たちは，彼＿＿＿＿＿＿＿委員会の新しいメンバー＿＿＿＿＿＿＿＿＿＿＿＿＿つもりだ。

☐ (3) The taxi turned right at the corner .
▮▶

日本語訳▶ そのタクシーは，＿＿＿＿＿＿＿＿＿＿＿＿＿＿＿＿＿＿＿＿＿＿＿＿＿。

✎ right 副 右へ／corner 名 角

☐ (4) His face turned pale at the awful news .
▮▶

日本語訳▶ その恐ろしい知らせを聞いて，彼の顔は＿＿＿＿＿＿＿＿＿＿＿＿＿＿＿＿＿＿。

✎ pale 形 青白い／awful 形 恐ろしい, 不愉快な

☐ (5) At that moment , he suddenly turned his face to me .
▮▶

日本語訳▶ その瞬間，彼は突然,＿＿＿＿＿＿＿＿＿＿＿＿＿＿＿＿＿＿＿＿＿＿＿＿＿。

✎ moment 名 瞬間

解答

(1) I will choose him a new smartphone.
　　S　　V　　　O₁　　　O₂
　私は，彼に新しいスマートフォンを選んであげるつもりだ。

(2) We will choose him as a new member （of the committee） .
　　S　　V　　　O　　　　C　　　　　　　M

> OとCの間に入るto beやasには下線や記号を付さない。

　私たちは，彼を委員会の新しいメンバーに選ぶつもりだ。

(3) The taxi turned 〈right〉 〈at the corner〉 .
　　S　　　V　　　M　　　　M
　そのタクシーは，その角で右へ曲がった。

(4) His face turned pale 〈at the awful news〉 .
　　S　　　V　　C　　　M
　その恐ろしい知らせを聞いて，彼の顔は青白くなった[青ざめた]。

(5) 〈At that moment〉, he 〈suddenly〉 turned his face 〈to me〉 .
　　　　M　　　　　S　　M　　　V　　O　　M
　その瞬間，彼は突然, 私の方に顔を向けた。

ドリル
1 2 3 **4**

文構造を分析し，日本語に訳しましょう。

06

❶文の要素を � に（S・V・O・C）で表しましょう。❷修飾語句は，名詞を修飾する形容詞句なら（　），名詞以外を修飾する副詞句なら〈　〉でくくり，Mと記しましょう。❸ 日本語訳▶ に訳を記しましょう。

☐ (1) He left for Osaka by plane .
▶

日本語訳▶ _____

☐ (2) He left Osaka at dawn .
▶

日本語訳▶ _____

✎ dawn 名 夜明け

☐ (3) He left his son an enormous amount of money .
▶

日本語訳▶ _____

✎ enormous 形 莫大な

☐ (4) He left the door open all day .
▶

日本語訳▶ _____

✎ all day 一日中

☐ (5) He tasted the wine .
▶

日本語訳▶ _____

☐ (6) This wine tastes sour .
▶

日本語訳▶ _____

✎ sour 形 酸っぱい

解 答

(1) <u>He</u> <u>left</u> 〈for Osaka〉〈by plane〉.
　　S　　V　　　M　　　　M
　　彼は，飛行機で大阪へ出発した。

(2) <u>He</u> <u>left</u> <u>Osaka</u> 〈at dawn〉.
　　S　　V　　O　　　　M
　　彼は，夜明けに大阪を出発した。

(3) <u>He</u> <u>left</u> <u>his son</u> <u>an enormous amount of money</u>.
　　S　　V　　O₁　　　　　　O₂
　　彼は，彼の息子に，莫大な額のお金を残した。

(4) <u>He</u> <u>left</u> <u>the door</u> <u>open</u> 〈all day〉.
　　S　　V　　O　　　C　　　M
　　彼は，一日中，ドアを開けたままにしていた。

(5) <u>He</u> <u>tasted</u> <u>the wine</u>.
　　S　　V　　　O
　　彼は，そのワインの味見をした。

(6) <u>This wine</u> <u>tastes</u> <u>sour</u>.
　　S　　　V　　　C
　　このワインは，酸っぱい味がする。

3 ››› 文型の判別＆複数の文型をとる動詞②

ポイント

前回の復習

・SV + 形容詞(C)

・SVO + 形容詞(C)

❶ 形容詞には「名詞を修飾する」か「C」の2つの役割しかない。
　よって，名詞を修飾していない形容詞は，自動的に「C」である。
❷ 「S = C」「O = C」が成立する。

・SV + 名詞…「Sとのイコール関係」が成立するならC，成立しないならO

SV + 名詞	・SV + 名詞
S = C (C)	S ≠ O (O)

・SVO + 名詞…「Oとのイコール関係」が成立するならC，成立しないならO

SVO + 名詞	・SVO₁ + 名詞
O = C (C)	$O_1 ≠ O_2$

名詞は「O」にも「C」にもなれるので，品詞以外の判断基準が必要となる。SまたはOとのイコール関係の成立可否で判断する。

！ 複数の文型をとり，文型によって意味が変わる動詞②

get	到着する	**find** O	O を見つける	**remain**	留まる，残る
get C	C になる	**find** O_1O_2		**remain** C	C のままである
get O	O を得る		O_1 に O_2 を見つけてあげる	**appear**	現れる
get O_1O_2		**find** OC	O は C だと思う，分かる	**appear** (to be) C	C のようだ
	O_1 のために O_2 を手に入れる	**prove** (to be) C	C だと分かる	**stay**	滞在する
get OC	O を C にする	**prove** O	O を証明する	**stay** C	C のままである

ドリル 1 234 文構造を意識して，例文にならって，練習❶～❹の灰色の部分をなぞりましょう。 07

例文

(1) <u>Tom</u> <u>got</u> 〈 to the station 〉〈 on time 〉.
　　S　　V　　　　M　　　　　　　M

> to the stationは「前置詞＋名詞」で，動詞gotを修飾する副詞句。

> on timeは「前置詞＋名詞」で，動詞gotを修飾する副詞句。

🖉 on time
時間通りに

トムは，時間通りに駅に着いた。

練習 ❶

(2) <u>Tom</u> <u>got</u> <u>angry</u> 〈 at my brief reply 〉.
　　S　　V　　C　　　　　M

> angryは「名詞を修飾していない形容詞」なので「C」。SVCなので，「Tom = angry」が成り立つ。

> at my brief replyは「前置詞＋名詞」で，形容詞angryを修飾する副詞句。

🖉 brief 形
短い

トムは，私の短い返答に怒った。

練習
2

> for the concertは「前置詞＋名詞」で，名詞ticketを修飾する形容詞句。

(3) Tom got a ticket（ for the concert ）.
　　 S　 V　　 O　　　　　　 M

> 「Tom ≠ a ticket」なので，a ticketは「O」だと判断。

トムは，そのコンサートのチケットを手に入れた。

練習
3

> for the concertは「前置詞＋名詞」で，名詞ticketを修飾する形容詞句。

(4) Tom got me a ticket（ for the concert ）.
　　 S　 V　 O₁　 O₂　　　　　　 M

> 「me ≠ a ticket」なので，a ticketは「O」だと判断。

トムは，私のためにそのコンサートのチケットを手に入れ（てくれ）た。

練習
4

> carelesslyは「副詞」で，文全体を修飾。

> on the tableは「前置詞＋名詞」で，名詞ticketを修飾する形容詞句。

(5) Tom〈 carelessly 〉got the ticket（ on the table ）wet.
　　 S　　 M　　　　 V　　 O　　　　　 M　　　 C

✎ wet 形
濡れた

> wetは「名詞を修飾していない形容詞」なので「C」。SVOCなので，「the ticket = wet」が成り立つ。

不注意にも，トムは，テーブルの上のチケットを濡らした。

ドリル
1 **2** 3 4

文構造を分析しましょう。

🔊 07

❶文の要素を▮▷に（S・V・O・C）で表しましょう。❷修飾語句は，名詞を修飾する形容詞句なら（　），名詞以外を修飾する副詞（句）なら〈　〉でくくり，Mと記しましょう。

解 答

☐ (1) Tom got to the station on time .
　▮▷

▶ ドリル1
例文

☐ (2) Tom got angry at my brief reply .
　▮▷

▶ ドリル1
練習❶

☐ (3) Tom got a ticket for the concert .
　▮▷

▶ ドリル1
練習❷

☐ (4) Tom got me a ticket for the concert .
　▮▷

▶ ドリル1
練習❸

☐ (5) Tom carelessly got the ticket on the table wet .
　▮▷

▶ ドリル1
練習❹

08

| ドリル | 文構造を分析し，日本語に訳しましょう。 |

1 2 3 4

❶文の要素を▐▶に（S・V・O・C）で表しましょう。❷修飾語句は，名詞を修飾する形容詞句なら（　），名詞以外を修飾する副詞句なら〈　〉でくくり，Mと記しましょう。❸ 日本語訳 ▶の空所を埋めましょう。

☐ (1) The politician on the stage remained silent .
▐▶

日本語訳 ▶舞台の上のその政治家は，_____。

          🖊 politician 名 政治家／stage 名 舞台／silent 形 黙った, 無言の, 静かな

☐ (2) The trip with you remains in my memory .
▐▶

日本語訳 ▶あなたと一緒に行った旅行は，_____。

              🖊 trip 名 旅行／memory 名 記憶

☐ (3) This evidence proved my innocence .
▐▶

日本語訳 ▶この証拠は，私の無実_____。

        🖊 evidence 名 証拠／innocence 名 無罪 (であること), 潔白 (であること)

☐ (4) The man proved innocent .
▐▶

日本語訳 ▶その男は，_____。

            🖊 innocent 形 無罪の, 潔白な

☐ (5) She stayed alive for a week without food .
▐▶

日本語訳 ▶彼女は，食べ物なしで，1 週間_____。

            🖊 alive 形 生きている

☐ (6) She stayed at this gorgeous hotel .
▐▶

日本語訳 ▶彼女は，この豪華なホテル_____。

            🖊 gorgeous 形 豪華な

解 答

(1) The politician （on the stage） remained silent.
  S   M   V   C
  舞台の上のその政治家は，黙ったままだった。

(2) The trip （with you） remains 〈in my memory〉.
  S   M   V   M
  あなたと一緒に行った旅行は，私の記憶の中に残っている。

(3) This evidence proved my innocence.
   S   V   O
  この証拠は，私の無実を証明した。

(4) The man proved innocent.
   S   V C
  その男は，無実であると分かった。

(5) She stayed alive 〈for a week〉 〈without food〉.
  S V C   M   M
  彼女は，食べ物なしで，1 週間生きたままだった[生き延びた]。

(6) She stayed 〈at this gorgeous hotel〉.
  S V   M
  彼女は，この豪華なホテルに滞在した。

ドリル 4 1 2 3 4

文構造を分析し，日本語に訳しましょう。

09

> ❶文の要素を ▷ に（S・V・O・C）で表しましょう。❷修飾語句は，名詞を修飾する形容詞句なら（　），名詞以外を修飾する副詞（句）なら〈　〉でくくり，Mと記しましょう。❸ 日本語訳 ▷ に訳を記しましょう。

☐ (1) I found this book easy .
▷

日本語訳 ▷ _____

☐ (2) I found an easy book .
▷

日本語訳 ▷ _____

☐ (3) I found this book easily .
▷

日本語訳 ▷ _____

☐ (4) I found her an easy book .
▷

✎ easily 副 簡単に

日本語訳 ▷ _____

☐ (5) The politician appeared upset .
▷

日本語訳 ▷ _____

☐ (6) The politician appeared on the stage .
▷

✎ upset 形 取り乱している，腹を立てている

日本語訳 ▷ _____

解 答

(1) I found this book easy.
　　S　V　　O　　C
　私は，この本は簡単だと思った。

(2) I found an easy book.
　　S　V　　　O
　私は，簡単な本を見つけた。

(3) I found this book 〈easily〉.
　　S　V　　O　　　M
　私は，この本を簡単に見つけた。

(4) I found her an easy book.
　　S　V　O₁　　O₂
　私は，彼女に簡単な本を見つけてあげた。

(5) The politician appeared upset.
　　　　S　　　　　V　　　C
　その政治家は，取り乱しているようだった。

(6) The politician appeared 〈on the stage〉.
　　　　S　　　　　V　　　　　M
　その政治家は，舞台の上に現れた。

4 ››› SVCをとれる動詞

SVCをとれる動詞は数が限られているので、少しずつ覚えよう。
動詞によって，VとCの間にto beが入る場合がある。

① Cである

・be 動詞

② Cに感じる（五感・印象）※Cが名詞の場合は《V + like C》となる。

・**look** C　C に見える　　　・**sound** C　C に聞こえる　　　・**feel** C　C に感じる
・**taste** C　C な味がする　　・**smell** C　C なにおいがする
・**seem** (to be) C / **appear** (to be) C　C のようだ，C に思える

③ Cのままである（維持・無変化）

・**keep** C / **remain** C / **stay** C　C のままである

④ Cになる（変化）※Cに置かれる語がほぼ決まっているものもある。

・**prove** (to be) C / **turn out** (to be) C　C だと分かる，C と判明する
・**become** C / **get** C　C になる　　　・**turn** C　C（主に色）になる
・**come** C　C（良い状態）になる　　　・**go** C　　C（悪い状態）になる
・**grow** C　（次第に）C になる　　　・**fall** C　（急に）C になる

ドリル
1 2 3 4

文構造を意識して，例文にならって，練習①～④の灰色の部分を
なぞりましょう。

10

例文

(1) You should keep warm 〈 in winter 〉.
　　 S　　　　 V　　　C　　　　 M

> warmは「名詞を修飾していない形容詞」なので「C」。
> SVCなので、「You = warm」が成り立つ。

冬には，あなたは暖かい（状態）ままでいるべきだ。

練習
1

(2) She looks tired 〈 this morning 〉.
　　 S　　 V　　 C　　　　 M

> tiredは「名詞を修飾していない形容詞」なので「C」。
> SVCなので、「She = tired」が成り立つ。

> this / that / last / next / everyに時の名詞が続く場合，
> 前置詞onやinは付かないが，副詞（M）の扱いとなる。

今朝，彼女は疲れているように見える。

練習
2

(3) His house looks like a castle.
    S   V   C

> look C「Cに見える」のCが「名詞」の場合，
> 《look like C》となる。

castle 名
城

彼の家は，城のように見える。

練習
3

> V to be Cのto beは，
> あってもなくても訳は変わらない。

(4) The rumor（ about him ）proved to be false.
    S   M   V   C

false 形
間違っている

> falseは「名詞を修飾していない形容詞」なので「C」。
> SVCなので，「The rumor = false」が成り立つ。

彼についてのうわさは，間違っていると分かった。

練習
4

> fall asleepは「眠りにつく」という意味で，
> ほぼ熟語的に使われる。

(5) The infant fell asleep 〈 in a minute 〉.
    S   V   C   M

asleep 形
眠っている

> asleepは「名詞を修飾していない形容詞」なので「C」。
> SVCなので，「The infant = asleep」が成り立つ。

その乳児 [幼児] は，一瞬で眠りについた。

ドリル
1 2 3 4

文構造を分析しましょう。

🔊 10

❶文の要素を▶に（S・V・O・C）で表しましょう。❷修飾語句は，名詞を修飾する形容詞句なら（　　），名詞以外を修飾する副詞句なら〈　　〉でくくり，Mと記しましょう。

解 答

☐ (1) You should keep warm in winter .
▷

ドリル1
例文

☐ (2) She looks tired this morning .
▷

ドリル1
練習 ❶

☐ (3) His house looks like a castle .
▷

ドリル1
練習 ❷

☐ (4) The rumor about him proved to be false .
▷

ドリル1
練習 ❸

☐ (5) The infant fell asleep in a minute .
▷

ドリル1
練習 ❹

ドリル 123④ 文構造を分析し，日本語に訳しましょう。

❶文の要素を■▶に（ S・V・O・C ）で表しましょう。❷修飾語句は，名詞を修飾する形容詞句なら（　　　），名詞以外を修飾する副詞（句）なら〈　　　〉でくくり，Mと記しましょう。❸日本語訳▶の空所を埋めましょう。

☐ **(1)** This fruit smells unpleasant .
■▶

日本語訳▶このフルーツは，＿＿＿＿＿＿＿＿＿＿＿＿＿＿＿＿＿＿＿＿＿＿＿＿＿。

🔖 unpleasant 形 不快な

☐ **(2)** These days , young people seem indifferent to politics .
■▶

日本語訳▶近頃，若者は政治に＿＿＿＿＿＿＿＿＿＿＿＿＿＿＿＿＿＿＿＿＿＿＿。

🔖 these days 近頃, この頃／indifferent (to ～) 形 （～に）無関心な

☐ **(3)** Fortunately , the operation on his arm proved successful .
■▶

日本語訳▶幸運にも，彼の腕の手術は，＿＿＿＿＿＿＿＿＿＿＿＿＿＿＿＿＿＿＿。

🔖 operation 名 手術／arm 名 腕／successful 形 成功した

☐ **(4)** In Japan , people keep silent on the train .
■▶

日本語訳▶日本では，人々は電車の中では＿＿＿＿＿＿＿＿＿＿＿＿＿＿＿＿＿＿。

☐ **(5)** Leaves turn red in autumn .
■▶

日本語訳▶秋には，葉は＿＿＿＿＿＿＿＿＿＿＿＿＿＿＿＿＿＿＿＿＿＿＿＿＿。

🔖 leaves 名 葉 (leafの複数形)／autumn 名 秋

解 答

(1) This fruit smells unpleasant.
　　　　S　　　V　　　C
このフルーツは，不快なにおいがする。

(2) 〈These days〉, young people seem indifferent 〈to politics〉 .
　　　　M　　　　　　S　　　V　　　C　　　　M
近頃，若者は政治に無関心であるようだ。

(3) 〈Fortunately〉, the operation (on his arm) proved successful.
　　　　M　　　　　　S　　　　　M　　　V　　　C
幸運にも，彼の腕の手術は，成功だと分かった。

(4) 〈In Japan〉, people keep silent 〈on the train〉 .
　　　　M　　　　S　　　V　　C　　　M
日本では，人々は電車の中では静かなままである［静かにしている］。

(5) Leaves turn red 〈in autumn〉 .
　　　　S　　　V　　C　　M
秋には，葉は赤色に変わる。

ドリル 1234

文構造を分析し，日本語に訳しましょう。

🔊 12

❶文の要素を■▶に（**S・V・O・C**）で表しましょう。❷修飾語句は，名詞を修飾する形容詞句なら（　），名詞以外を修飾する副詞句なら〈　〉でくくり，**M**と記しましょう。❸ 日本語訳 ▶に訳を記しましょう。

☐ **(1)** This ice cream tastes like toothpaste .
■▶

日本語訳 ▶ _____

✎ toothpaste 名 歯磨き粉

☐ **(2)** Japanese culture appears to be attractive to foreigners .
■▶

日本語訳 ▶ _____

✎ attractive 形 魅力的な

☐ **(3)** Long hair turned out to be unpopular among elderly people .
■▶

日本語訳 ▶ _____

✎ among ～ 前 ～の間で／elderly 形 高齢の，年配の

☐ **(4)** The number of tourists has remained stable for many years .
■▶

日本語訳 ▶ _____

✎ the number of ～　～の数／tourist 名 観光客／stable 形 安定した

☐ **(5)** The multinational company went bankrupt last year .
■▶

日本語訳 ▶ _____

✎ multinational 形 多国籍の／bankrupt 形 破産した

解答

(1) This ice cream tastes like toothpaste.
　　　　　S　　　　　V　　　　　C
このアイスクリームは，歯磨き粉のような味がする。

(2) Japanese culture appears to be attractive 〈to foreigners〉.
　　　　　　S　　　　　V　　　　　C　　　　　M
日本の文化は，外国人にとって魅力的であるようだ。

(3) Long hair turned out to be unpopular 〈among elderly people〉.
　　　　　S　　　　V　　　　　C　　　　　M
長い髪は，高齢者の間では不人気であると分かった。

(4) The number (of tourists) has remained stable 〈for many years〉.
　　　　　S　　　　M　　　　　V　　　　C　　　　　M
観光客の数は，長年の間，安定したままである。

(5) The multinational company went bankrupt 〈last year〉.
　　　　　　S　　　　　　V　　　C　　　　M

> go bankrupt「破産する」はほぼ熟語的に使われる。

昨年，その多国籍企業は破産［倒産］した。

5 ››› SVO$_1$O$_2$をとれる動詞

ポイント

SVO$_1$O$_2$をとれる動詞は数が限られているので，少しずつ覚えよう。

① O$_1$にO$_2$を与える

タイプ A			
· **give** O$_1$O$_2$	O$_1$にO$_2$を与える	· **lend** O$_1$O$_2$	O$_1$にO$_2$を貸す
· **tell** O$_1$O$_2$	O$_1$にO$_2$を伝える	· **show** O$_1$O$_2$	O$_1$にO$_2$を見せる
· **send** O$_1$O$_2$	O$_1$にO$_2$を送る	· **teach** O$_1$O$_2$	O$_1$にO$_2$を教える

タイプ B			
· **buy** O$_1$O$_2$	O$_1$にO$_2$を買ってあげる	· **cook** O$_1$O$_2$	O$_1$にO$_2$を料理してあげる
· **get** O$_1$O$_2$	O$_1$のためにO$_2$を手に入れる	· **choose** O$_1$O$_2$	O$_1$にO$_2$を選んであげる
· **find** O$_1$O$_2$	O$_1$にO$_2$を見つけてあげる	· **make** O$_1$O$_2$	O$_1$にO$_2$を作ってあげる

※タイプA：SVO$_1$O$_2$ ➡ SVO$_2$ **to** O$_1$　タイプB：SVO$_1$O$_2$ ➡ SVO$_2$ **for** O$_1$　で言い換え可能

② 注意すべきもの

· **do** O$_1$O$_2$　　O$_1$ に O$_2$（利益 / 害など）を与える
· **cause** O$_1$O$_2$　O$_1$ に O$_2$（損害 / 困惑など）をもたらす
· **deny** O$_1$O$_2$　　O$_1$ に O$_2$（機会 / 権利など）を与えない

③ O$_1$からO$_2$を奪う

· S **take** O$_1$O$_2$　　Sのために［Sのせいで］，O$_1$ は O$_2$（時間 / 労力など）を必要とする
· S **cost** O$_1$O$_2$　　Sのために［Sのせいで］，O$_1$ は O$_2$（金 / 犠牲など）を払う，失う
· **spare** O$_1$O$_2$　　O$_1$ から O$_2$（苦労 / 手間 / 面倒事など）を省く
· **save** O$_1$O$_2$　　O$_1$ から O$_2$（苦労 / 手間 / 面倒事など）を省く

ドリル 1 2 3 4　文構造を意識して，例文にならって，練習①〜④の灰色の部分をなぞりましょう。

 13

🖊 lawyer 名
弁護士／
practical 形
実践的な

例文

(1) The lawyer gave him practical advice.
　　　S　　　 V 　 O$_1$ 　　 O$_2$

> giveは「give OCの形では使えず，give O$_1$O$_2$の形で使える」と知っていると，品詞による判断は不要。
> 「him ≠ practical advice」の関係から判断してもよい。

その弁護士は，彼に実践的な助言を与えた。

練習①

(2) She chose me a new dress.
　　 S 　 V 　 O$_1$　　 O$_2$

> chooseは「choose OC」でも「choose O$_1$O$_2$」でも使えるので，品詞による判断が必要。
> 「me ≠ a new dress」なので，a new dressは「O」だと判断。

彼女は私に，新しいドレスを選んでくれた。

練習
②

(3) The government will deny him access (to the information).
　　　　　 S 　　　　　　 V 　　 O₁ 　 O₂ 　　　　　　 M

✎ access (to 〜) 名
(〜を得る／〜を受ける／
〜を利用する) 権利, 機会

> denyは「deny OCの形では使えず, deny O₁O₂の形で使える」と知っていると, 品詞による判断は不要。
> 「him ≠ access」の関係から判断してもよい。

政府は彼に, その情報を得る権利を与えないだろう。

練習
③

(4) This assignment will take you a few hours.
　　　　 S 　　　　　　　 V 　 O₁ 　 O₂

✎ assignment 名
課題

> takeは「take OCの形で使うことは少なく, take O₁O₂の形で使える」と知っていると, 品詞による判断はほぼ不要。
> 「you ≠ a few hours」の関係から判断してもよい。

この課題のために, あなたは数時間を必要とするだろう。

練習
④

(5) Machines have saved humans a lot of trouble.
　　　 S 　　　　　 V 　　 O₁ 　　　 O₂

✎ trouble 名
面倒 (なこと), 手間

> saveは「save OCの形では使えず, save O₁O₂の形で使える」と知っていると, 品詞による判断は不要。
> 「humans ≠ a lot of trouble」の関係から判断してもよい。

機械は, 人間から多くの面倒を省いてきた。

ドリル
② 3 4

文構造を分析しましょう。

🔊 13

> ❶文の要素を▶︎に (S・V・O・C) で表しましょう。❷修飾語句は, 名詞を修飾する形容詞句なら (　　), 名詞以外を修飾する副詞句なら〈　　〉でくくり, Mと記しましょう。

解　答

☐ (1) The lawyer gave him practical advice .
▶︎

▶ ドリル1
例文

☐ (2) She chose me a new dress .
▶︎

▶ ドリル1
練習❶

☐ (3) The government will deny him access to the information .
▶︎

▶ ドリル1
練習❷

☐ (4) This assignment will take you a few hours .
▶︎

▶ ドリル1
練習❸

☐ (5) Machines have saved humans a lot of trouble .
▶︎

▶ ドリル1
練習❹

ドリル
12 3 4

文構造を分析し，日本語に訳しましょう。

❶文の要素を■■に（S・V・O・C）で表しましょう。❷修飾語句は，名詞を修飾する形容詞句なら（　　），名詞以外を修飾する副詞句なら〈　　〉でくくり，Mと記しましょう。❸ 日本語訳▶ の空所を埋めましょう。

☐ (1) We will give the developing country financial aid .
▶

日本語訳▶私たちは，その発展途上国＿＿＿＿＿＿＿，経済的支援＿＿＿＿＿＿＿＿＿＿＿＿＿＿＿＿＿＿＿＿。

✎ financial 形 金銭的な, 財務の／aid 名 支援

☐ (2) Food with a lot of salt will do you harm .
▶

日本語訳▶たくさんの塩を含む食べ物は，あなた＿＿＿＿＿＿＿害＿＿＿＿＿＿＿＿＿＿＿＿＿＿＿＿＿＿＿。

✎ salt 名 塩／harm 名 害

☐ (3) This project will take us about three years .
▶

日本語訳▶このプロジェクト＿＿＿＿＿＿＿＿，私たち＿＿＿＿＿約 3 年＿＿＿＿＿＿＿＿＿＿＿＿＿＿＿＿。

☐ (4) This website spares you the trouble of visiting our store .
▶

日本語訳▶このウェブサイトは，あなた＿＿＿＿＿＿，私たちの店を訪れる面倒＿＿＿＿＿＿＿＿＿＿＿＿＿。

☐ (5) They denied me access to the building .
▶

日本語訳▶彼らは，私＿＿＿＿＿＿＿，その建物に入る権利＿＿＿＿＿＿＿＿＿＿＿＿＿＿＿＿＿＿＿＿＿。

解 答

(1) We will give the developing country financial aid.
　　　S　V　　　　　　O₁　　　　　　O₂
　　私たちは，その発展途上国に，経済的支援を与えるつもりだ。

(2) Food （with a lot of salt） will do you harm.
　　　S　　　　M　　　　　　V　O₁　O₂
　　たくさんの塩を含む食べ物は，あなたに害を与えるだろう。

(3) This project will take us about three years.
　　　S　　　　V　　O₁　　O₂
　　このプロジェクトのために，私たちは約 3 年を要するだろう。

(4) This website spares you the trouble （of visiting our store）.
　　　S　　　　V　　O₁　O₂　　　　　M
　　このウェブサイトは，あなたから，私たちの店を訪れる面倒を省いてくれる。

(5) They denied me access （to the building）.
　　　S　　V　O₁　O₂　　　M
　　彼らは，私に，その建物に入る権利を与えなかった。

ドリル
123**4**

文構造を分析し，日本語に訳しましょう。

15

❶文の要素を � に（**S・V・O・C**）で表しましょう。❷修飾語句は，名詞を修飾する形容詞句なら（　），名詞以外を修飾する副詞句なら〈　〉でくくり，**M**と記しましょう。❸ 日本語訳 に訳を記しましょう。

☐ **(1)** The police didn't give us any details of the murder case .
▶

日本語訳 ▶＿＿＿＿＿＿＿＿＿＿＿＿＿＿＿＿＿＿＿＿＿＿＿＿＿＿＿＿＿＿＿＿＿

✎ detail 名 詳細／murder 名 殺人／case 名 事件, 事例, 場合

☐ **(2)** A false rumor caused people unnecessary worry .
▶

日本語訳 ▶＿＿＿＿＿＿＿＿＿＿＿＿＿＿＿＿＿＿＿＿＿＿＿＿＿＿＿＿＿＿＿＿＿

✎ unnecessary 形 不必要な／worry 名 心配, 不安

☐ **(3)** The big scandal cost the actor everything .
▶

日本語訳 ▶＿＿＿＿＿＿＿＿＿＿＿＿＿＿＿＿＿＿＿＿＿＿＿＿＿＿＿＿＿＿＿＿＿

✎ scandal 名 スキャンダル

☐ **(4)** This application saves you the trouble of searching for an excellent restaurant .
▶

日本語訳 ▶＿＿＿＿＿＿＿＿＿＿＿＿＿＿＿＿＿＿＿＿＿＿＿＿＿＿＿＿＿＿＿＿＿

✎ application 名 アプリ／search for ～　～を探す, 捜す

☐ **(5)** In those days , the government denied African Americans the right to vote .
▶

日本語訳 ▶＿＿＿＿＿＿＿＿＿＿＿＿＿＿＿＿＿＿＿＿＿＿＿＿＿＿＿＿＿＿＿＿＿

✎ in those days　当時／right 名 権利／vote 動 投票する

解 答

(1) The police didn't give us any details（of the murder case）.
　　　 S　　　　 V　 O₁　 O₂　　　　　　 M
　 警察は私たちに，その殺人事件についての詳細を少しも与えなかった。

(2) A false rumor caused people unnecessary worry.
　　　　 S　　　 V　　 O₁　　　　 O₂
　 誤った［うその］うわさは，人々に不必要な心配をもたらした。

(3) The big scandal cost the actor everything.
　　　　 S　　　　 V　　 O₁　　 O₂
　 その大スキャンダルによって，その俳優はすべてを失った。

(4) This application saves you the trouble（of searching for an excellent restaurant）.
　　　　 S　　　　 V　 O₁　 O₂　　　　　　　 M
　 このアプリは，あなたから，素晴らしいレストランを探す面倒を省いてくれる。

(5) 〈In those days〉, the government denied African Americans the right（to vote）.
　　　　 M　　　　　　 S　　　　 V　　 O₁　　　　 O₂　　 M
　 当時，政府は，アフリカ系アメリカ人に，投票する権利を与えなかった。

6 >>> SVOCをとれる動詞

ポイント

SVOCをとれる動詞は数が限られているので，少しずつ覚えよう。
動詞によって，OとCの間にto beやasが入る場合がある。

① OをCにする

- **make** OC　　　　　OをCにする
- **keep** OC　　　　　OをCのままにする
- **call** OC　　　　　OをCと呼ぶ
- **choose** O (to be / as) C　OをCに選ぶ
- **appoint** O (to be / as) C　OをCに指名する，任命する
- **get** OC　　　　　OをCにする
- **leave** OC　　　　　OをCのまま放置する
- **name** OC　　　　　OをCと名付ける
- **elect** O (to be / as) C　OをCに選ぶ

② OはCだと思う

- **find** O (to be) C　　OはCだと思う，分かる，気付く
- **think** O (to be) C　OはCだと考える
- **consider** O (to be / as) C　OはCだと考える
- **believe** O (to be) C　OはCだと信じる

③ O as C ※以下の as は省略できない

- **regard** O as C / **see** O as C / **view** O as C / **look (up) on** O as C　OはCだと見なす
- **think of** O as C　　　　　　　　　　　　　　　OはCだと考える
- **describe** O as C　　　　　　　　　　　　　　　OをCと表現する

ドリル 1 2 3 4　文構造を意識して，例文にならって，練習❶〜❹の灰色の部分をなぞりましょう。

 16

例文

(1) His attitude made everyone 〈 really 〉 uncomfortable.
　　　S　　　　V　　　O　　　M　　　　C

🖉 attitude 名 態度

> uncomfortableは「名詞を修飾していない形容詞」なので「C」。
> SVOCなので，「everyone = uncomfortable」が成立。

彼の態度は，全員をとても不快にさせた。

練習 ①

(2) The children got their hands dirty.
　　　S　　　V　　　O　　　C

🖉 dirty 形 汚い，汚れた

> dirtyは「名詞を修飾していない形容詞」なので「C」。
> SVOCなので，「their hands = dirty」が成立。

その子どもたちは，手を汚くした［手を汚した］。

□練習2

(3) We elected her mayor (of our city).
   S   V   O   C   M

✎ mayor 名
市長

> electは「elect O₁O₂の形では使えず, elect OCの形で使える」と知っていると, 品詞による判断は不要。「her＝mayor」の関係から判断してもよい。

私たちは, 彼女を私たちの市の市長に選んだ。

□練習3

> O to be Cのto beは, あってもなくても訳は変わらない。

(4) We consider him to be the best baseball player (in Japan).
   S   V   O   C   M

> considerは「consider O₁O₂の形では使えず, consider O (to be) Cの形で使える」と知っていると, 品詞による判断は不要。「him＝the best baseball player」の関係から判断してもよい。

私たちは, 彼は日本で最高の野球選手だと考えている。

□練習4

(5) We regard her as intelligent.
   S   V   O   C

✎ intelligent 形
知能の高い

> regard O as Cのasは省略できない。また, Cの位置には名詞だけでなく形容詞も置かれる。「SVOCのOとCの間にasが入った形」と捉えるとよい。

私たちは, 彼女は知能が高いと見なしている。

ドリル
1 **2** 3 4

文構造を分析しましょう。

16

> ❶文の要素を ▮▶ に (S・V・O・C) で表しましょう。❷修飾語句は, 名詞を修飾する形容詞句なら (　　), 名詞以外を修飾する副詞なら ⟨　　⟩ でくくり, M と記しましょう。

解答

□ (1) His attitude made everyone really uncomfortable .
▮▶

▶ドリル1
例文

□ (2) The children got their hands dirty .
▮▶

▶ドリル1
練習❶

□ (3) We elected her mayor of our city .
▮▶

▶ドリル1
練習❷

□ (4) We consider him to be the best baseball player in Japan .
▮▶

▶ドリル1
練習❸

□ (5) We regard her as intelligent .
▮▶

▶ドリル1
練習❹

ドリル **3**
1 2 3 4

文構造を分析し，日本語に訳しましょう。

❶文の要素を▶に（**S・V・O・C**）で表しましょう。❷修飾語句は，名詞を修飾する形容詞句なら（　　），名詞以外を修飾する副詞なら〈　　〉でくくり，**M** と記しましょう。❸**日本語訳**▶の空所を埋めましょう。

☐ (1) His careless remark made the situation much worse .
▶

日本語訳▶彼の不注意な発言は，状況＿＿＿＿＿＿＿＿＿＿＿＿＿＿＿＿＿＿＿＿＿＿＿＿＿＿。

🔖 careless 形 不注意な／remark 名 発言／situation 名 状況

☐ (2) We call this phenomenon "desertification ."
▶

日本語訳▶私たちは，この現象＿＿＿＿＿＿＿＿＿＿＿＿＿＿＿＿＿＿＿＿＿＿＿＿＿＿。

🔖 phenomenon 名 現象／desertification 名 砂漠化

☐ (3) I find this sofa quite comfortable .
▶

日本語訳▶私は，このソファ＿＿＿＿＿＿＿＿＿＿＿＿＿＿＿＿＿＿＿＿＿＿＿＿＿＿＿。

🔖 quite 副 とても／comfortable 形 快適な

☐ (4) We believe Jack to be honest .
▶

日本語訳▶私たちは，ジャック＿＿＿＿＿＿＿＿＿＿＿＿＿＿＿＿＿＿＿＿＿＿＿＿＿＿＿。

🔖 honest 形 正直な

☐ (5) We think of the new system as effective .
▶

日本語訳▶私たちは，その新しいシステム＿＿＿＿＿＿＿＿＿＿＿＿＿＿＿＿＿＿＿＿＿＿＿。

🔖 effective 形 効果的な

解 答

(1) His careless remark made the situation 〈much〉 worse.
　　　　　S　　　　　V　　the situation　　M　　C

> muchは，比較級worseの強調で「はるかに」と訳す。

彼の不注意な発言は，状況をはるかに悪化させた。

(2) We call this phenomenon "desertification."
　　S　V　　　O　　　　　　　C
私たちは，この現象を「砂漠化」と呼んでいる。

(3) I find this sofa 〈quite〉 comfortable.
　　S　V　　O　　　M　　　C
私は，このソファはとても快適だと思う。

(4) We believe Jack to be honest.
　　S　　V　　O　　　C
私たちは，ジャックは正直だと信じている。

(5) We think of the new system as effective.
　　S　　V　　　O　　　　C
私たちは，その新しいシステムは効果的だと考えている。

ドリル

123 **4**

文構造を分析し，日本語に訳しましょう。

18

❶文の要素を ■▶ に（**S・V・O・C**）で表しましょう。❷修飾語句は，名詞を修飾する形容詞句なら（　），名詞以外を修飾する副詞句なら〈　〉でくくり，**M**と記しましょう。❸ 日本語訳▶ に訳を記しましょう。

☐ (1) This device keeps the temperature of the room constant .
▶

日本語訳▶＿＿＿＿＿＿＿＿＿＿＿＿＿＿＿＿＿＿＿＿＿＿＿＿＿＿＿＿＿＿＿＿

✎ device 图 装置／temperature 图 温度／constant 形 一定の

☐ (2) We named our daughter Keiko after her grandmother .
▶

日本語訳▶＿＿＿＿＿＿＿＿＿＿＿＿＿＿＿＿＿＿＿＿＿＿＿＿＿＿＿＿＿＿＿＿

✎ after ～ 前 ～にちなんで

☐ (3) We find this new product to be convenient for foreign travelers .
▶

日本語訳▶＿＿＿＿＿＿＿＿＿＿＿＿＿＿＿＿＿＿＿＿＿＿＿＿＿＿＿＿＿＿＿＿

✎ product 图 製品／convenient 形 便利な

☐ (4) The lawyer considered the driver to be responsible for the accident .
▶

日本語訳▶＿＿＿＿＿＿＿＿＿＿＿＿＿＿＿＿＿＿＿＿＿＿＿＿＿＿＿＿＿＿＿＿

✎ responsible (for ～) 形 (～に対して) 責任のある

☐ (5) We look upon the Internet as an indispensable part of our lives .
▶

日本語訳▶＿＿＿＿＿＿＿＿＿＿＿＿＿＿＿＿＿＿＿＿＿＿＿＿＿＿＿＿＿＿＿＿

✎ indispensable 形 必要不可欠な

解 答

(1) This device keeps the temperature (of the room) constant.
　　　 S　　　 V　　　 O　　　　　　 M　　　 C
　　この装置は，その部屋の温度を一定に保っている。

(2) We named our daughter Keiko 〈after her grandmother〉.
　　 S　 V　　 O　　　 C　　　　 M
　　私たちは，私たちの娘を，彼女の祖母にちなんでケイコと名付けた。

(3) We find this new product to be convenient 〈for foreign travelers〉.
　　 S　 V　　 O　　　　　 C　　　　　　 M
　　私たちは，この新しい製品は，外国の旅行客たちにとって便利だと思う。

(4) The lawyer considered the driver to be responsible 〈for the accident〉.
　　　 S　　　 V　　　 O　　　　 C　　　　 M
　　その弁護士は，その運転手はその事故に対して責任があると考えた。

(5) We look upon the Internet as an indispensable part (of our lives) .
　　 S　　 V　　 O　　　　　 C　　　　 M
　　私たちは，インターネットは私たちの生活の必要不可欠な一部［もの］であると見なしている。

「さまざまな『動詞の型』」を始める前に

1 準動詞とは

動詞が，①不定詞（**to** *do* / *do*），②動名詞（*doing*），③現在分詞（*doing*），④過去分詞（*done*）に変形したものを，総称して「準動詞」と呼びます。

2 一部の動詞は，SVOCのCに「準動詞」も置ける 　学習ページ ▶ p.34, p.38

Chapter1で，SVOCのCは「形容詞」か「名詞」と学びましたが，一部の動詞は，SVOCのCに「準動詞（to *do* / *do* / *doing* / *done*）」も置くことができます。ただし，ごく一部の動詞に限られます。また，「to *do*はとれるけど*doing*はとれない」のように，動詞によってCにとれる形が決まっています。よって，「どの動詞」が「どの形をとれるか」を整理し，覚える必要があります。また，あくまでSVOCの一種なので，OとCの間に【主語ー述語】の関係が成立します。つまり，【OがCする / OがCしている / OがCされる】という関係が成立します。

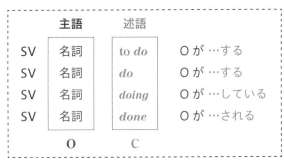

	主語	述語	
SV	名詞	**to** *do*	Oが…する
SV	名詞	*do*	Oが…する
SV	名詞	*doing*	Oが…している
SV	名詞	*done*	Oが…される
	O	**C**	

3 Cに準動詞が置かれる場合の「Cの範囲」 　学習ページ ▶ p.34, p.38

動詞seeは，《see O *doing*》の形で「Oが…しているのを見る」の意味で使えます。つまり，SVOCのCに準動詞（ここでは*doing*）が置かれています。準動詞には，元の動詞（Ⓥ）の性質も残っており，Ⓥに応じた文型（Ⓞ・Ⓒ）が続きます。また，準動詞は副詞で修飾されます。

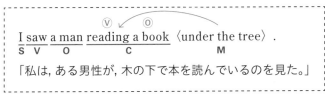

I saw a man reading a book 〈under the tree〉.
S　V　O　　　C　　　　　　M
「私は，ある男性が，木の下で本を読んでいるのを見た。」

SVOCのCに準動詞を置く場合，準動詞がとる文型（Ⓞ・Ⓒ）も含めて，全体をCと捉えます。

4 1つのVと見なす形

学習ページ ▶ p.42

I want to watch a movie. の「文型」は，どのように分析して記号をふるべきでしょう。to watch a movieはいわゆる不定詞の名詞的用法で「映画を観ること」の意味です。つまり，_SI _Vwant _Oto watch a movie.（私は映画を観ることを欲している）とするのが正確ですが，いまいちピンときません。そこで，**want to *do*** 「…したい」を1つのVと見なし，_SI _V**want to watch** _Oa movie.（私は，映画を観たい）と捉えると，直感的に分かりやすくなります。このように，セットで1つのVと見なす方が分かりやすい表現を，Chapter2-3で整理します。

5 SVO＋決まった前置詞句

学習ページ ▶ p.46, p.50

一部の動詞は，決まった前置詞句をとるものがあります。例えば，rob O **of** ～「Oから～を奪う」やprevent O **from** *doing*「Oが…するのを妨げる」などです。このタイプの動詞は，動詞によって前置詞が決まっており，さらに前置詞によって「意味傾向の分類」が可能であるため，前置詞ごとに整理して覚えていくのが得策です。

6 受動態（受け身の形）

学習ページ ▶ p.54, p.58

受動態は，「～される，～されている」と訳すことが多いですが，日本語訳だけで考えていると，ゆくゆく困ることになります。今日からは，受動態とは以下のプロセスで書き換えられた形だと思ってください。

> ① 本来のOを，Sの位置に移動する
> ② Vを，be動詞＋*done*の形にする

7 There VS 構文

学習ページ ▶ p.62

There is a bench in the park.（公園にベンチがある）の「文型」は，どのように分析して記号をふるべきでしょう。文頭のThereがSに思えますが，**thereは副詞ですからSになれません**。正しくはa benchがS, isがVで，"There VS"という文型になるので，「There VS 構文」と呼びます。

1 ››› SVO＋<u>to *do*</u>
_C

■ ポイント ■

- ・SVOCのCに《**to *do***》をとれる動詞がある。
  OとCには「**主語－述語（Oが…する）**」の関係が成立する。

- ・《**因果関係**》を示すことが多い（Sが原因, OCが結果）。
  「**Sによって/のせいで/のおかげで, Oは…する/できる/せざるを得ない**」（p.130参照）

！ SVO to *do*

強制	tell O to *do* order O to *do* force O to *do*	Oに…するよう言う Oに…するよう命令する Oに…するのを強制する	要求	ask O to *do* want O to *do* require O to *do*	Oに…するよう頼む Oに…してもらいたい Oに…するよう要求する
許可	allow O to *do* permit O to *do*	Oが…するのを許す[可能にする] Oが…するのを許す[可能にする]	警告	advise O to *do* warn O to *do*	Oに…するよう助言する Oに…するよう警告する
説得	get O to *do* persuade O to *do* encourage O to *do*	（説得して）Oに…させる （説得して）Oに…させる Oに…するよう促す	その他	cause O to *do* enable O to *do* help O (to) *do*	（結果として）Oに…させる Oが…するのを可能にする Oが…するのに役立つ[助ける]

ドリル 1 2 3 4 ┊ 文構造を意識して, 例文にならって, 練習❶～❹の灰色の部分をなぞりましょう。

19

例文

「私が休む」という主述関係が成立。

　　　　　　　　　　　　　主語　　述語
(1) The doctor ordered me to rest 〈 for several days 〉.
　　　　S　　　　　V　　　　O　　　C　　　　　　　M

order O to *do*「Oに…するよう命令する」
　　　　　　　C

✎ rest 動
休憩する

医者は, 私に数日間休むよう命令した。

□ 練習 ❶

「人々が使う」という主述関係が成立。

　　　　　　　　　　　　　　　　　　　　主語　　　述語
(2) Environmental associations want people to use recyclable materials.
　　　　　　　　S　　　　　　　　　V　　　O　　　　　　　C

want O to *do*「Oに…してもらいたい」
　　　　　　C

環境保護団体は, 人々にリサイクル可能な素材を使ってもらいたがっている。

練習2

「私たちが伝える」という主述関係が成立。

(3) Language enables us to convey our ideas and feelings.
S V O C

enable O to do「Oが…するのを可能にする」C

✎ convey 動 ～を伝える

《 直訳 》言語は，私たちが，自分の考えや感情を伝えるのを可能にする。
《因果訳》言語によって[言語のおかげで]，私たちは，自分の考えや感情を伝えることができる。

練習3

「彼が自信を持つ」という主述関係が成立。

(4) His success〈in the project〉allowed him to feel confident〈in himself〉.
S M V O C M

allow O to do「Oが…するのを可能にする」C

《 直訳 》そのプロジェクトにおける彼の成功は，彼が自分に自信を持つことを可能にした。
《因果訳》そのプロジェクトにおける彼の成功によって，彼は自分に自信を持つことができた。

練習4

「私たちが向上させる」という主述関係が成立。

(5) Feedback〈from customers〉helps us improve our service.
S M V O C

help O (to) do「Oが…するのに役立つ」toは省略されることが多い。C

✎ feedback 名 意見, 反応

《 直訳 》顧客からの意見は，私たちがサービスを向上させるのに役立つ。
《因果訳》顧客からの意見によって，私たちはサービスを向上させることができる。

ドリル 1 2 3 4 文構造を分析しましょう。

🔊 19

❶文の要素を▶に（S・V・O・C）で表しましょう。特に，《to do》がCになる点を意識しましょう。❷修飾語句は，名詞を修飾する形容詞句なら（　），名詞以外を修飾する副詞句なら〈　〉でくくり，Mと記しましょう。

解答

☐ (1) The doctor ordered me to rest for several days .
▶

▶ドリル1 例文

☐ (2) Environmental associations want people to use recyclable materials .
▶

▶ドリル1 練習❶

☐ (3) Language enables us to convey our ideas and feelings .
▶

▶ドリル1 練習❷

☐ (4) His success in the project allowed him to feel confident in himself .
▶

▶ドリル1 練習❸

☐ (5) Feedback from customers helps us improve our service .
▶

▶ドリル1 練習❹

Chapter **2** - **1** ┊ ドリル ┊ 1 **2** 3 4 　35

ドリル ③ 文構造を分析し，日本語に訳しましょう。

 20

❶文の要素を■▶に（S・V・O・C）で表しましょう。特に，《to do》がCになる点を意識しましょう。❷修飾語句は，名詞を修飾する形容詞句なら（　　），名詞以外を修飾する副詞句なら〈　　〉でくくり，Mと記しましょう。❸ 日本語訳 ▶の空所を埋めましょう。

☐ (1) We require all students to take this course .
▶
日本語訳 ▶私たちは，すべての学生＿＿＿＿＿＿この講座をとる＿＿＿＿＿＿＿＿＿＿＿＿＿＿＿＿＿＿＿＿。

✎ course 名 コース，講座

☐ (2) His speech encouraged the members of the team to unite .
▶
日本語訳 ▶彼のスピーチは，そのチームのメンバー＿＿＿＿＿＿団結する＿＿＿＿＿＿＿＿＿＿＿＿＿＿＿＿。

✎ unite 動 団結する

☐ (3) A merger with a company allowed our company to overcome the crisis .
▶
日本語訳 ▶ある会社との合併は，私たちの会社＿＿＿＿＿その危機を乗り越える＿＿＿＿＿＿＿＿＿＿＿＿＿。

✎ merger (with ～) 名 (～との) 合併／overcome 動 ～を乗り越える／crisis 名 危機

☐ (4) A misunderstanding between the two companies caused the contract to end .
▶
日本語訳 ▶2 つの会社間での誤解は，（結果として）その契約＿＿＿＿＿＿＿終わ＿＿＿＿＿＿＿＿＿＿＿＿＿＿＿。

✎ misunderstanding 名 誤解／contract 名 契約／end 動 終わる

☐ (5) This magazine will help you catch up with the latest trends .
▶
日本語訳 ▶この雑誌は，あなた＿＿＿＿＿＿最新の傾向に追いつく＿＿＿＿＿＿＿＿＿＿＿＿＿＿＿＿＿＿＿＿＿。

✎ catch up with ～　～に追いつく／latest 形 最新の／trend 名 傾向，流行

解 答

(1) We require all students to take this course.
　　　S　　V　　　O　　　　　C
　　私たちは，すべての学生にこの講座をとるよう求めている。

(2) His speech encouraged the members (of the team) to unite.
　　　　S　　　　V　　　　O　　　　M　　　C
　　《 直訳 》彼のスピーチは，そのチームのメンバーが団結するよう促した。
　　《因果訳》彼のスピーチによって，そのチームのメンバーは団結した。

(3) A merger (with a company) allowed our company to overcome the crisis.
　　　S　　　　M　　　　　V　　　O　　　　　C
　　《 直訳 》ある会社との合併は，私たちの会社がその危機を乗り越えるのを可能にした。
　　《因果訳》ある会社との合併によって，私たちの会社はその危機を乗り越えた。

(4) A misunderstanding (between the two companies) caused the contract to end.
　　　S　　　　　　　　M　　　　　　　　　V　　　　O　　　　C
　　《 直訳 》2 つの会社間での誤解は，（結果として）その契約を終わらせた。
　　《因果訳》2 つの会社間での誤解によって，その契約は終わった。

(5) This magazine will help you catch up with the latest trends.
　　　S　　　　V　　O　　　　C
　　《 直訳 》この雑誌は，あなたが最新の傾向に追いつくのを手助けする［追いつくのに役立つ］だろう。
　　《因果訳》この雑誌によって［この雑誌を読めば］，あなたは最新の傾向に追いつくことができるだろう。

ドリル 1234 文構造を分析し，日本語に訳しましょう。

21

❶文の要素を▶に (S・V・O・C) で表しましょう。特に，《to do》がCになる点を意識しましょう。❷修飾語句は，名詞を修飾する形容詞句なら（　　），名詞以外を修飾する副詞（句）なら〈　　〉でくくり，Mと記しましょう。❸ 日本語訳▶に訳を記しましょう。

☐ (1) He asked me to explain the current situation in the country .

日本語訳▶＿＿＿＿＿＿＿＿＿＿＿＿＿＿＿＿＿＿＿＿＿＿＿＿＿＿＿＿＿＿＿＿＿＿

🖊 explain 動 ～を説明する／current 形 現在の

☐ (2) He persuaded me to apply for the job .

日本語訳▶＿＿＿＿＿＿＿＿＿＿＿＿＿＿＿＿＿＿＿＿＿＿＿＿＿＿＿＿＿＿＿＿＿＿

🖊 apply (for ～) 動 (～に) 申し込む, 志願する

☐ (3) Advances in medical care have enabled people to live longer .

日本語訳▶＿＿＿＿＿＿＿＿＿＿＿＿＿＿＿＿＿＿＿＿＿＿＿＿＿＿＿＿＿＿＿＿＿＿

🖊 advance 名 進歩／medical care 医療

☐ (4) An unhealthy lifestyle caused him to gain weight .

日本語訳▶＿＿＿＿＿＿＿＿＿＿＿＿＿＿＿＿＿＿＿＿＿＿＿＿＿＿＿＿＿＿＿＿＿＿

🖊 unhealthy 形 不健康な／lifestyle 名 生活習慣／gain weight 太る

☐ (5) His lecture helped students realize the importance of understanding history .

日本語訳▶＿＿＿＿＿＿＿＿＿＿＿＿＿＿＿＿＿＿＿＿＿＿＿＿＿＿＿＿＿＿＿＿＿＿

🖊 lecture 名 講義／realize 動 ～に気付く

解答

(1) He asked me to explain the current situation (in the country) .
　　 S　 V　 O　　　　　C　　　　　　　　　　　M
　　彼は，私に，その国の現在の状況を説明するよう頼んだ。

(2) He persuaded me to apply 〈for the job〉 .
　　 S　　V　　 O　 C　　　 M
　　彼は，(説得して) 私にその仕事に志願 [応募] させた。

(3) Advances (in medical care) have enabled people to live 〈longer〉 .
　　　 S　　　　　M　　　　　　 V　　　 O　　 C　　 M
　　《 直訳 》医療における進歩は，人々がより長く生きる [長生きする] ことを可能にした。
　　《因果訳》医療における進歩によって，人々はより長く生きる [長生きする] ことができるようになった。

(4) An unhealthy lifestyle caused him to gain weight.
　　　　　　　 S　　　　　 V　 O　　　 C
　　《 直訳 》不健康な生活習慣は，(結果として) 彼を太らせた。
　　《因果訳》不健康な生活習慣によって，彼は太った。

(5) His lecture helped students realize the importance (of understanding history) .
　　　　 S　　　 V　　 O　　　 C　　　　　　　　　　　 M
　　《 直訳 》彼の講義は，学生が歴史を理解することの重要性に気付く手助けをした [気付くのに役立った]。
　　《因果訳》彼の講義によって [彼の講義のおかげで]，学生は歴史を理解することの重要性に気付くことができた。

Chapter 2

2 ››› SVO+*do* / *doing* / *done*
　　　　　　　　　c

ポイント ||||||||||||||||||||||||||||||||||||||||||||||||||||||||||||||||||||||||||||||

SVOCのCに《*do*》《*doing*》《*done*》をとれる動詞がある。

OとCには「主語－述語（Oが…する／している／される）」の関係が成立する。

❶ see ┐ ┌+O *do* 　 Oが…する 　 ┐のを見る／のが見える
　hear ┤ ┤+O *doing* Oが…している ┤のを聞く／のが聞こえる
　feel ┘ └+O *done* 　Oが…される 　┘のを感じる

❷ have ─┌+O *do* 　 Oに…してもらう［させる］
　　　　　※「客から店員」,「上司から部下」など, しかるべき相手への依頼・指示
　　　　　└+O *done* 　Oを…してもらう［される］

❸ make ─┌+O *do* 　 Oに…させる, SによってOは…する（因果関係）
　　　　　└+O *done* 　make *oneself* **understood** （相手に）理解してもらう

　　　　　make *oneself* **heard** （相手に）声が届く

　　　　　make O **known** （人に）Oを知らせる

　　　　　※make O *done*の形は, 上記の定型表現に限る

❹ let＋O *do* 　　　 Oに…させる

❺ keep ┐ ┌+O *doing* Oが…している ┐ 状態を保つ／ままにする
　leave ┘ └+O *done* 　Oが…される 　┘

　　　　　※keepは意識的, leaveは無意識的

ドリル 1 234 文構造を意識して, 例文にならって, 練習❶〜❹の灰色の部分を
なぞりましょう。

22

例文

「誰かが入る」という主述関係が成立。

(1) I saw someone enter the building.
　　S　V　　O　　　　　C

　　see O *do*「Oが…するのを見る／のが見える」
　　　　　　c

🖉 enter 動
〜に入る

私は, 誰かが建物の中に入るのを見た［入るのが見えた］。

練習❶

「イヌがほえている」という主述関係が成立。

(2) I heard a dog barking 〈 in the distance 〉.
　　S　V　　O　　C　　　　　　M

　　hear O *doing*「Oが…しているのを聞く／のが聞こえる」
　　　　　　　c

🖉 bark 動
ほえる

私は, 遠くの方でイヌがほえているのを聞いた［ほえているのが聞こえた］。

練習2

「私の秘書が電話する」という主述関係が成立。

(3) I will have my secretary call you 〈 later 〉.
S　V　　　　O　　　　　C　　　　　M

have O *do*「Oに…してもらう[させる]」
C

私は，私の秘書に後であなたに電話させる。

✎ secretary 名
秘書

Chapter 2

練習3

「この印刷機が修理される」という主述関係が成立。

(4) We will have this printer repaired 〈 tomorrow 〉.
S　V　　　O　　　　　C　　　　　M

have O *done*「Oを…してもらう[される]」
C

私たちは，明日，この印刷機を修理してもらう。

✎ repair 動
〜を修理する

練習4

「彼が辞任する」という主述関係が成立。

(5) The scandal made him resign 〈 from the post 〉.
S　　　　V　　O　　C　　　　M

make O *do*「Oに…させる」
C

✎ post 名
地位

《 直訳 》 そのスキャンダルは，彼にその地位から辞任させた。
《因果訳》 そのスキャンダルによって，彼はその地位から辞任した［辞任せざるを得なかった］。

ドリル
1 2 3 4

文構造を分析しましょう。

❶文の要素を■▶に（S・V・O・C）で表しましょう。特に，《*do*》《*doing*》《*done*》がCになる点を意識しましょう。❷修飾語句は，名詞を修飾する形容詞句なら（　），名詞以外を修飾する副詞（句）なら〈　〉でくくり，Mと記しましょう。

22

解 答

□ (1) I saw someone enter the building .
■▶

▶ドリル1
例文

□ (2) I heard a dog barking in the distance .
■▶

▶ドリル1
練習❶

□ (3) I will have my secretary call you later .
■▶

▶ドリル1
練習❷

□ (4) We will have this printer repaired tomorrow .
■▶

▶ドリル1
練習❸

□ (5) The scandal made him resign from the post .
■▶

▶ドリル1
練習❹

ドリル 123④ 文構造を分析し，日本語に訳しましょう。

❶文の要素を▶に（S・V・O・C）で表しましょう。特に，《do》《doing》《done》がCになる点を意識しましょう。❷修飾語句は，名詞を修飾する形容詞句なら（　），名詞以外を修飾する副詞（句）なら〈　〉でくくり，Mと記しましょう。❸ 日本語訳 ▶の空所を埋めましょう。

☐ (1) I saw a man with a guide dog cross the road .
▶

日本語訳 ▶私は，盲導犬を連れた男性＿＿＿＿＿＿＿＿＿＿＿＿＿＿＿＿＿＿＿＿＿。

　🔖 guide dog 盲導犬／cross 動 〜を渡る

☐ (2) The other day , we saw a cat sleeping under the tree .
▶

日本語訳 ▶先日，私たちは，ネコ＿＿＿＿＿＿＿＿＿＿＿＿＿＿＿＿＿＿＿＿＿。

　🔖 the other day 先日

☐ (3) You should have the waiter bring you a towel .
▶

日本語訳 ▶あなたは，そのウェイター＿＿＿＿＿＿＿＿＿＿＿＿＿＿＿＿＿＿＿＿。

　🔖 bring O₁O₂ 動 O₁にO₂を持ってくる

☐ (4) He couldn't make himself understood in English .
▶

日本語訳 ▶彼は，英語で［英語を話して］＿＿＿＿＿＿＿＿＿＿＿＿＿＿＿＿＿＿。

☐ (5) He let his daughter study abroad .
▶

日本語訳 ▶彼は，彼の娘に留学＿＿＿＿＿＿＿＿＿＿＿＿＿＿＿＿＿＿＿＿＿。

　🔖 study abroad 留学する

解 答

(1) I saw a man (with a guide dog) cross the road.
　　S　V　O　　　　M　　　　　　　C
　　私は，盲導犬を連れた男性が，道を渡るのを見た［渡るのが見えた］。

(2) 〈The other day〉, we saw a cat sleeping 〈under the tree〉.
　　　　　M　　　　　S　V　O　　C　　　　　M
　　先日，私たちは，ネコがその木の下で寝ているのを見た。

(3) You should have the waiter bring you a towel.
　　S　　　V　　　　O　　　　C
　　あなたは，そのウェイターにタオルを持ってきてもらうべきだ。

(4) He couldn't make himself understood 〈in English〉.
　　S　　　V　　　O　　　　C　　　　　M
　　彼は，英語で［英語を話して］理解してもらうことができなかった。

(5) He let his daughter study 〈abroad〉.
　　S　V　　O　　　　C　　　M
　　彼は，彼の娘に留学させた。

ドリル 123 **4** 文構造を分析し，日本語に訳しましょう。

24

❶文の要素を▶に（S・V・O・C）で表しましょう。特に，《do》《doing》《done》がCになる点を意識しましょう。❷修飾語句は，名詞を修飾する形容詞句なら（　），名詞以外を修飾する副詞（句）なら〈　〉でくくり，Mと記しましょう。❸ 日本語訳 ▶に訳を記しましょう。

☐ (1) I heard something explode outside .
▶

日本語訳 ▶ _____

🖉 explode 動 爆発する／outside 副 外で

☐ (2) On the way to the station , she had her wallet stolen .
▶

日本語訳 ▶ _____

🖉 on the [one's] way to ～　～への途中で

☐ (3) The spread of the virus made many people refrain from going out .
▶

日本語訳 ▶ _____

🖉 spread 名 広がり／virus 名 ウイルス／refrain (from ～) 動 （～を）控える

☐ (4) The president of the company made the unbelievable fact known to the public .
▶

日本語訳 ▶ _____

🖉 the public　一般の人々

☐ (5) He usually leaves the water running .
▶

日本語訳 ▶ _____

🖉 run 動 （液体が）流れる

解 答

(1) <u>I</u> <u>heard</u> <u>something</u> <u>explode</u> 〈<u>outside</u>〉.
　　S　V　　　O　　　　C　　　　M
　私は，何かが外で爆発するのを聞いた［爆発するのが聞こえた］。

(2) 〈<u>On the way to the station</u>〉, <u>she</u> <u>had</u> <u>her wallet</u> <u>stolen</u>.
　　　　　　　M　　　　　　　　　S　V　　O　　　C
　駅へ行く途中，彼女は財布を盗まれた。

(3) <u>The spread</u> (<u>of the virus</u>) <u>made</u> <u>many people</u> <u>refrain</u> 〈<u>from going out</u>〉.
　　　　S　　　　　　M　　　　　V　　　O　　　　C　　　　　M
　《 直訳 》そのウイルスの広がりは，多くの人々に外出を控えさせた。
　《因果訳》そのウイルスの広がりによって，多くの人々は外出を控えた［控えざるを得なくなった］。

(4) <u>The president</u> (<u>of the company</u>) <u>made</u> <u>the unbelievable fact</u> <u>known</u> 〈<u>to the public</u>〉.
　　　　S　　　　　　　M　　　　　　　V　　　　O　　　　　　C　　　　M
　その会社の社長は，信じられないような事実を一般の人々に知らせた。

(5) <u>He</u> 〈<u>usually</u>〉 <u>leaves</u> <u>the water</u> <u>running</u>.
　　S　　M　　　　V　　　O　　　C
　彼はたいてい，水が流れているままにする［水を出しっぱなしにする］。

3 >>> **1つのVと見なす形** 助動詞的な表現

<u>助動詞的な表現</u>は,「全体で1つのV」と見なす方が直感的に理解しやすい。
＝

助動詞の位置（動詞の原形の直前）に置かれ, 動詞に意味を加えるような表現。
be able to *do*「…できる」の仲間と考える。

① 動詞 to *do*

seem to *do*	**tend to** *do*	**happen to** *do*	**come to** *do*
…するようだ	…する傾向がある	たまたま…する	…するようになる
appear to *do*	**hesitate to** *do*	**fail to** *do*	**learn to** *do*
…するようだ	…するのをためらう	…できない, …しない	…できるようになる
refuse to *do*	**attempt to** *do*	**manage to** *do*	**pretend to** *do*
…するのを拒否する	…しようとする	なんとか…する	…するふりをする

② be 形容詞 to *do*

be sure to *do*	**be apt to** *do*	**be reluctant to** *do*	**be anxious to** *do*
必ず［きっと］…する	…する傾向がある	…したがらない	…するのを切望する
be willing to *do*	**be eager to** *do*	**be likely to** *do*	**be ready to** *do*
…するのをいとわない	（しきりに）…したがる	…しそうである	…する準備ができている
…する意志がある	…しようと懸命だ	…する可能性がある	喜んで…する

③ be 過去分詞 to *do*

be said to *do*	**be believed to** *do*	**be thought to** *do*	**be expected to** *do*
…すると言われている	…すると信じられている	…すると考えられている	…すると予想されている

ドリル 1 234　文構造を意識して, 例文にならって, 練習❶〜❹の灰色の部分をなぞりましょう。 25

例文

(1) He appears to know the secret.
　　S　　　V　　　　O

appear to *do*「…するようだ」
know O「Oを知っている」

彼は, その秘密を知っているようだ。

練習❶

(2) The fraud pretended to be an expert（in financial matters）.
　　　S　　　　　　V　　　　　C　　　　　　　　M

✎ expert 名
専門家

pretend to *do*「…するふりをする」
be C「Cである」

その詐欺師は, お金のことに関する専門家であるふりをした。

練習 2

(3) He is willing to give poor children free meals.
　　S　　　　V　　　　　　O₁　　　　　O₂

┌─────────────────────────────────┐
│ be willing to *do*「…するのをいとわない」│
│　　　┬　　　　　　　　　　　　　　│
│　　give O₁O₂「O₁にO₂を与える」　　　│
└─────────────────────────────────┘

彼は，貧しい子どもたちに無料の食事を提供するのをいとわない。

🖊 meal 名
食事

練習 3

(4) She was anxious to give her son a good education.
　　S　　　　V　　　　　　O₁　　　　O₂

┌─────────────────────────────────┐
│ be anxious to *do*「…するのを切望する」│
│　　　┬　　　　　　　　　　　　　│
│　　give O₁O₂「O₁にO₂を与える」　　　│
└─────────────────────────────────┘

彼女は，彼女の息子に，良い教育を受けさせるのを切望していた。

🖊 education 名
教育

練習 4

(5) Children are said to learn various things 〈 from playing games 〉.
　　S　　　　V　　　　　　O　　　　　　　M

┌─────────────────────────────────┐
│ be said to *do*「…すると言われている」│
│　　　┬　　　　　　　　　　　　　│
│　　learn O「Oを学ぶ」　　　　　　　│
└─────────────────────────────────┘

子どもたちは，ゲームをすることからさまざまなことを学ぶと言われている。

🖊 various 形
さまざまな

ドリル 2 (1 2 3 4)

文構造を分析しましょう。

🔊 25

❶文の要素を �▶ に（ S・V・O・C ）で表しましょう。特に，セットで1つのVと見なす表現を意識しましょう。❷修飾語句は，名詞を修飾する形容詞句なら（　），名詞以外を修飾する副詞句なら〈　〉でくくり，Mと記しましょう。

解答

☐ (1) He appears to know the secret .
▶

▶ドリル1
例文

☐ (2) The fraud pretended to be an expert in financial matters .
▶

▶ドリル1
練習 ❶

☐ (3) He is willing to give poor children free meals .
▶

▶ドリル1
練習 ❷

☐ (4) She was anxious to give her son a good education .
▶

▶ドリル1
練習 ❸

☐ (5) Children are said to learn various things from playing games .
▶

▶ドリル1
練習 ❹

文構造を分析し，日本語に訳しましょう。

26

> ❶文の要素を▶に（S・V・O・C）で表しましょう。特に，セットで1つのVと見なす表現を意識しましょう。❷修飾語句は，名詞を修飾する形容詞句なら（　　），名詞以外を修飾する副詞（句）なら〈　　〉でくくり，Mと記しましょう。❸ 日本語訳▶ の空所を埋めましょう。

☐ (1) The company eventually managed to settle the strike .
▶

日本語訳▶その会社は，ついに，_____。

✎ eventually 副 最終的に，ついに／settle 動 〜を解決する，〜を鎮める

☐ (2) On my way to school , I happened to see the accident .
▶

日本語訳▶学校へ行く途中，私は_____。

☐ (3) He is reluctant to assume responsibility for the failure .
▶

日本語訳▶彼は，その失敗に対する責任_____。

✎ assume 動 〜（責任・役割など）を負う／responsibility (for 〜) 名（〜に対する）責任

☐ (4) She appears to maintain good relationships with her colleagues .
▶

日本語訳▶彼女は，同僚と良い関係_____。

✎ maintain 動 〜を保つ／relationship (with 〜) 名（〜との）関係／colleague 名 同僚

☐ (5) Chimpanzees and humans are thought to have a common ancestor .
▶

日本語訳▶チンパンジーと人間は，共通の祖先_____。

✎ common 形 共通の／ancestor 名 祖先

解 答

(1) The company 〈eventually〉 managed to settle the strike.
　　　S　　　　　　M　　　　　　V　　　　　　O
その会社は，ついに，なんとかストライキを鎮めることができた。

(2) 〈On my way to school〉, I happened to see the accident.
　　　　　　M　　　　　　　S　　V　　　　　　O
学校へ行く途中，私はたまたまその事故を見た。

(3) He is reluctant to assume responsibility (for the failure).
　S　　　V　　　　　　　O　　　　　　　M
彼は，その失敗に対する責任を負いたがらない。

(4) She appears to maintain good relationships (with her colleagues).
　S　　　V　　　　　　　　O　　　　　　　M
彼女は，同僚と良い関係を保っているようだ。

(5) Chimpanzees and humans are thought to have a common ancestor.
　　　　　　S　　　　　　　　V　　　　　　O
チンパンジーと人間は，共通の祖先を持つと考えられている。

ドリル 123 **4**

文構造を分析し，日本語に訳しましょう。

27

❶文の要素を ▶ に（**S・V・O・C**）で表しましょう。特に，セットで1つのVと見なす表現を意識しましょう。❷修飾語句は，名詞を修飾する形容詞句なら（　　），名詞以外を修飾する副詞（句）なら〈　　〉でくくり，Mと記しましょう。❸日本語訳▶ に訳を記しましょう。

☐ (1) He consistently refused to approve of our marriage .
▶

日本語訳▶＿＿＿＿＿＿＿＿＿＿＿＿＿＿＿＿＿＿＿＿＿＿＿＿＿＿＿＿＿＿＿＿＿

🔖 consistently 副 一貫して／approve (of 〜) 動（〜を）認める／marriage 名 結婚

☐ (2) Some Japanese workers hesitate to take paid leave .
▶

日本語訳▶＿＿＿＿＿＿＿＿＿＿＿＿＿＿＿＿＿＿＿＿＿＿＿＿＿＿＿＿＿＿＿＿＿

🔖 paid leave 有給休暇

☐ (3) The company is eager to increase sales and profits every year .
▶

日本語訳▶＿＿＿＿＿＿＿＿＿＿＿＿＿＿＿＿＿＿＿＿＿＿＿＿＿＿＿＿＿＿＿＿＿

🔖 increase 動 〜を増やす／sales 名 売上／profit 名 利益

☐ (4) Dogs appear to recognize to some extent their owners' words and gestures .
▶

日本語訳▶＿＿＿＿＿＿＿＿＿＿＿＿＿＿＿＿＿＿＿＿＿＿＿＿＿＿＿＿＿＿＿＿＿

🔖 recognize 動 〜を認識する／to some extent ある程度

☐ (5) The population of Japan is expected to decline gradually .
▶

日本語訳▶＿＿＿＿＿＿＿＿＿＿＿＿＿＿＿＿＿＿＿＿＿＿＿＿＿＿＿＿＿＿＿＿＿

🔖 population 名 人口／decline 動 減少する／gradually 副 徐々に

解 答

(1) He 〈consistently〉 refused to approve 〈of our marriage〉 .
　　S　　　　M　　　　　　V　　　　　　　M
　彼は一貫して，私たちの結婚を認めることを拒否した。

(2) Some Japanese workers hesitate to take paid leave.
　　　　　　S　　　　　　　　V　　　　　O
　一部の日本人の労働者は，有給休暇をとるのをためらう。

(3) The company is eager to increase sales and profits 〈every year〉 .
　　　S　　　　　　V　　　　　　　O　　　　　　M
　その会社は，毎年売上と利益を増やそうと懸命だ。

(4) Dogs appear to recognize 〈to some extent〉 their owners' words and gestures.
　　S　　　V　　　　　　M　　　　　　　　O
　イヌは，飼い主の言葉やジェスチャーをある程度認識しているようだ。

(5) The population (of Japan) is expected to decline 〈gradually〉 .
　　　S　　　　　M　　　　　V　　　　　M
　日本の人口は，徐々に減少すると予想されている。

4 ››› SVO＋決まった前置詞句①

ポイント

一部の動詞は，SVOの後ろに**決まった前置詞句**をとる。

① SVO of ～

分離・除去		伝達	
rob O **of** ～	**cure** O **of** ～	**remind** O **of** ～	**convince** O **of** ～
Oから～を奪う	Oの～を治す	Oに～を思い出させる	Oに～を確信させる
deprive O **of** ～	**clear** O **of** ～	**inform** O **of** ～	**notify** O **of** ～
Oから～を奪う	Oから～を取り除く	Oに～を知らせる	Oに～を知らせる

② SVO with ～

与える		関連・結合	
provide O **with** ～	**fill** O **with** ～	**associate** O **with** ～	**connect** O **with** ～
Oに～を提供する［与える］	Oを～でいっぱいにする	Oを～と関連付ける	Oを～とつなげる
supply O **with** ～		**combine** O **with** ～	**compare** O **with** ～
Oに～を提供する		Oを～と結合する	Oを～と比べる

③ SVO from ～

妨害・禁止			区別
prevent O **from** *doing*	**stop** O **from** *doing*	**prohibit** O **from** *doing*	**distinguish** O **from** ～
Oが…するのを妨げる	Oが…するのを妨げる	Oが…するのを禁止する	Oを～と区別する
keep O **from** *doing*	**discourage** O **from** *doing*	**forbid** O **from** *doing*	**tell** O **from** ～
Oが…するのを妨げる	Oが…する気をなくさせる	Oが…するのを禁止する	Oを～と区別する

ドリル 1 2 3 4 　文構造を意識して，例文にならって，練習❶～❹の灰色の部分をなぞりましょう。 28

例文

(1) The accident deprived him 〈 of his sight 〉.
　　　　S　　　　　V　　　O　　　　M

　　deprive O of ～「Oから～を奪う」

🔖 sight 名 視力

《 直訳 》その事故は，彼から視力を奪った。
《因果訳》その事故によって，彼は視力を失った。

練習 ❶

(2) She informed me 〈 of her arrival （ at the destination ）〉.
　　S　　V　　O　　　　M　　　　　　　　M

　　inform O of ～「Oに～を知らせる」

🔖 arrival 名 到着

彼女は私に，彼女の目的地への到着［彼女が目的地に到着したこと］を知らせた。

□練習2

(3) The organization decided to supply the flood victims 〈 with food 〉.
　　　　　　S　　　　　　　V　　　　　　　　　　O　　　　　　　　　M

supply O with ~「Oに~を提供する」

その団体は，洪水の被災者たちに食料を提供することに決めた。

□練習3

(4) Urgent business prevented me 〈 from attending the meeting 〉.　🖊 urgent 形 緊急の
　　　　　S　　　　　　　　V　　　　O　　　　　　　M

prevent O from *doing*「Oが…するのを妨げる」

《 直訳 》緊急の仕事は，私がその会議に出席することを妨げた。
《因果訳》緊急の仕事によって，私はその会議に出席できなかった。

□練習4

(5) The child cannot tell sugar 〈 from salt 〉.
　　　　S　　　　　　V　　　O　　　　　M

tell O from ~「Oを~と区別する」

その子どもは，砂糖を塩と区別できない。

ドリル 1 2 3 4　文構造を分析しましょう。　🔊 28

> ❶文の要素を ▬▶ に（S・V・O・C）で表しましょう。❷《動詞＋O＋前置詞句》の表現について，動詞と前置詞に波線を引きましょう。❸修飾語句は，名詞を修飾する形容詞句なら（　　），名詞以外を修飾する副詞句なら〈　　〉でくくり，Mと記しましょう。

解 答

□(1) The accident deprived him of his sight .
▬▶
▶ドリル1 例文

□(2) She informed me of her arrival at the destination .
▬▶
▶ドリル1 練習❶

□(3) The organization decided to supply the flood victims with food .
▬▶
▶ドリル1 練習❷

□(4) Urgent business prevented me from attending the meeting .
▬▶
▶ドリル1 練習❸

□(5) The child cannot tell sugar from salt .
▬▶
▶ドリル1 練習❹

29

ドリル 1 2 ③ 4 文構造を分析し，日本語に訳しましょう。

❶文の要素を■に（**S・V・O・C**）で表しましょう。❷《動詞＋**O**＋前置詞句》の表現について，動詞と前置詞に波線を引きましょう。❸修飾語句は，名詞を修飾する形容詞句なら（　　），名詞以外を修飾する副詞句なら〈　　〉でくくり，**M**と記しましょう。❹**日本語訳**の空所を埋めましょう。

☐ (1) A muscular man robbed a pedestrian of his bag .
▶

日本語訳▶筋骨たくましい男が，歩行者＿＿＿＿＿＿＿彼のカバン＿＿＿＿＿＿＿＿＿＿＿＿＿＿＿＿。

✎ muscular 形 筋骨たくましい／pedestrian 名 歩行者

☐ (2) His attitude convinced me of his honesty .
▶

日本語訳▶彼の態度は，私＿＿＿＿＿＿彼の正直さ＿＿＿＿＿＿＿＿＿＿＿＿＿＿＿＿＿＿＿＿＿。

✎ honesty 名 正直さ

☐ (3) Those countries provide the refugees with housing, clothing, and food .
▶

日本語訳▶それらの国々は，難民＿＿＿＿＿＿＿，住居，衣服，食料＿＿＿＿＿＿＿＿＿＿＿＿＿＿＿＿。

✎ refugee 名 難民／housing 名 住居／clothing 名 衣類

☐ (4) The cold weather discouraged us from going to the amusement park .
▶

日本語訳▶寒い天候は，私たち＿＿＿＿＿＿＿遊園地に行く＿＿＿＿＿＿＿＿＿＿＿＿＿＿＿＿＿＿。

✎ amusement park 遊園地

☐ (5) Journalists have to be able to distinguish fact from fiction .
▶

日本語訳▶ジャーナリストは，事実＿＿＿＿＿＿虚構＿＿＿＿＿＿＿＿＿＿＿＿＿＿＿＿＿＿＿＿。

✎ journalist 名 ジャーナリスト／fiction 名 虚構

解 答

(1) A muscular man robbed a pedestrian 〈of his bag〉 .
　　――――――――　――――　――――――　　――――――
　　　　S　　　　　V　　　　O　　　　　　M
筋骨たくましい男が，歩行者から彼のカバンを奪った。

(2) His attitude convinced me 〈of his honesty〉 .
　　―――――　――――――　――　　―――――――
　　　S　　　　　V　　　O　　　　　M
《 直訳 》彼の態度は，私に彼の正直さを確信させた。
《因果訳》彼の態度によって，私は彼の正直さを確信した［彼は正直だと確信した］。

(3) Those countries provide the refugees 〈with housing, clothing, and food〉 .
　　――――――――　―――――　―――――――　　――――――――――――――――――
　　　　S　　　　　　V　　　　O　　　　　　　　M
それらの国々は，難民に，住居，衣類，食料を供給している。

(4) The cold weather discouraged us 〈from going to the amusement park〉 .
　　――――――――――　――――――――　――　　―――――――――――――――――――――
　　　　S　　　　　　V　　　　O　　　　　　　M
《 直訳 》寒い天候は，私たちが遊園地に行く気をなくさせた。
《因果訳》寒い天候によって［寒い天候のせいで］，私たちは遊園地に行く気をなくした。

(5) Journalists have to be able to distinguish fact 〈from fiction〉 .
　　―――――――　――――――――――――――――――　――――　　――――――――
　　　S　　　　　　　　　V　　　　　　　　　O　　　　M
ジャーナリストは，事実を虚構と区別できなければならない。

ドリル 1 2 3 4　文構造を分析し，日本語に訳しましょう。

30

Chapter 2

❶文の要素を▶に（S・V・O・C）で表しましょう。❷《動詞＋O＋前置詞句》の表現について，動詞と前置詞に波線を引きましょう。❸修飾語句は，名詞を修飾する形容詞句なら（　），名詞以外を修飾する副詞句なら〈　〉でくくり，Mと記しましょう。❹日本語訳▶に訳を記しましょう。

□ (1) The new rule deprived us of flexibility .

▶

日本語訳▶

flexibility 名 柔軟性

□ (2) This album reminds me of my happy school days .

▶

日本語訳▶

school days　学校での日々

□ (3) Researchers compared gene samples from humans with those from monkeys .

▶

日本語訳▶

gene sample　遺伝子サンプル／those 代 それら

□ (4) The unexpected rain kept the fire from spreading to nearby buildings .

▶

日本語訳▶

unexpected 形 予期せぬ／spread 動 広がる／nearby 形 近くの

□ (5) I can't tell British people from Americans .

▶

日本語訳▶

解答

(1) The new rule (S) deprived (V) us (O) 〈of flexibility〉(M) .

《 直訳 》その新しいルールは，私たちから柔軟性を奪った。
《因果訳》その新しいルールによって，私たちは柔軟性を失った。

(2) This album (S) reminds (V) me (O) 〈of my happy school days〉(M) .

《 直訳 》このアルバムは，私に，（私の）幸せな学校での日々を思い出させる。
《因果訳》このアルバムによって［このアルバムを見ると］，私は，（私の）幸せな学校での日々を思い出す。

(3) Researchers (S) compared (V) gene samples (O) (from humans)(M) 〈with those (from monkeys)(M)〉(M) .

研究者たちは，人間からの遺伝子サンプルを，サルからのそれら［遺伝子サンプル］と比較した。

(4) The unexpected rain (S) kept (V) the fire (O) 〈from spreading to nearby buildings〉(M) .

《 直訳 》その予期せぬ雨は，火事が近くの建物に広がるのを妨げた。
《因果訳》その予期せぬ雨のおかげで，火事は近くの建物に広がらなかった。

(5) I (S) can't tell (V) British people (O) 〈from Americans〉(M) .

私は，イギリス人をアメリカ人と区別することができない。

5 ››› SVO＋決まった前置詞句②

一部の動詞は，SVOの後ろに**決まった前置詞句**をとる。

① SVO for ～

交換	理由 （～を理由に / ～のことで / ～に対して）		
exchange O **for** ～ O を～と交換する	**praise** O **for** ～ O を～を理由に賞賛する	**admire** O **for** ～ O を～を理由に賞賛する	**criticize** O **for** ～ O を～を理由に批判する
substitute O **for** ～ O を～の代わりに使う	**punish** O **for** ～ O を～を理由に罰する	**blame** O **for** ～ O を～を理由に責める	**scold** O **for** ～ O を～を理由にしかる

② SVO to ～

適応・適合	制限・限定	付加・その他	
adapt O **to** ～ O を～に適応させる	**limit** O **to** ～ O を～に制限する	**add** O **to** ～ O を～に加える	**devote** O **to** ～ O を～に捧げる
adjust O **to** ～ O を～に適合させる	**restrict** O **to** ～ O を～に制限する	**attach** O **to** ～ O を～に取り付ける	**expose** O **to** ～ O を～にさらす
apply O **to** ～ O を～に応用する	**confine** O **to** ～ O を～に限定［集中］する		

③ SVO into ～

変化		分割・分類
change O **into** ～ O を～に変える	**translate** O **into** ～ O を～に翻訳する	**divide** O **into** ～ O を～に分ける
turn O **into** ～ O を～に変える	**transform** O **into** ～ O を～に変える	**classify** O **into** ～ O を～に分類する

ドリル **1** 2 3 4　文構造を意識して，例文にならって，練習❶～❹の灰色の部分をなぞりましょう。 31

例文

(1) We applied his theory 〈 to our new product 〉.
    S   V   O   M

　　apply O to ～「Oを～に応用する」

🖉 theory 名
　理論

私たちは，彼の理論を私たちの新製品に応用した。

練習 ❶

(2) We should limit the size （ of the audience ）〈 to 100 people 〉.
    S   V   O   M   M

　　limit O to ～「Oを～に制限する」

🖉 audience 名
　聴衆

私たちは，聴衆の規模を100人に制限するべきだ。

練習 2

(3) The lawyer blamed the driver 〈 for the accident 〉.
　　　　S　　　　　V　　　　　O　　　　　　　M

blame O for ~「Oを~を理由に責める」

その弁護士は，その運転手を，事故を理由に責めた。

練習 3

(4) Heat changes water 〈 into steam 〉.
　　　S　　　V　　　O　　　　M

🖉 steam 名
蒸気

change O into ~「Oを~に変える」

熱は，水を蒸気に変える。

練習 4

(5) She divided the cake 〈 into five pieces 〉.
　　　S　　　V　　　O　　　　　M

divide O into ~「Oを~に分ける」

彼女は，そのケーキを5切れに分けた。

ドリル 2 (1 3 4)

文構造を分析しましょう。

31

❶文の要素を■▶に（S・V・O・C）で表しましょう。❷《動詞＋O＋前置詞句》の表現について，動詞と前置詞に波線を引きましょう。❸修飾語句は，名詞を修飾する形容詞句なら（　　），名詞以外を修飾する副詞句なら〈　　〉でくくり，Mと記しましょう。

解　答

□(1) We applied his theory to our new product .
▶ドリル1
例文

□(2) We should limit the size of the audience to 100 people .
▶ドリル1
練習❶

□(3) The lawyer blamed the driver for the accident .
▶ドリル1
練習❷

□(4) Heat changes water into steam .
▶ドリル1
練習❸

□(5) She divided the cake into five pieces .
▶ドリル1
練習❹

ドリル ③ 文構造を分析し，日本語に訳しましょう。

❶文の要素を ▇▷ に（ S・V・O・C）で表しましょう。❷《動詞＋O＋前置詞句》の表現について，動詞と前置詞に波線を引きましょう。❸修飾語句は，名詞を修飾する形容詞句なら（　　），名詞以外を修飾する副詞（句）なら〈　　〉でくくり，M と記しましょう。❹ 日本語訳 の空所を埋めましょう。

☐ (1) She easily adapted herself to the new circumstances .
▇▷

日本語訳 彼女は，容易に，自分自身_____新しい環境_____。

✎ circumstance 名 環境

☐ (2) The single man devotes all his time and energy to his business .
▇▷

日本語訳 その独身の男性は，すべての時間とエネルギー_____，彼のビジネス_____。

✎ single 形 独身の

☐ (3) We have to exchange yen for dollars at the airport .
▇▷

日本語訳 私たちは，空港で，円_____ドル_____。

✎ yen 名 円／dollar 名 ドル

☐ (4) He harshly criticized the government for the lack of transparency .
▇▷

日本語訳 彼は，政府_____，透明性の欠如_____。

✎ harshly 副 厳しく／lack 名 欠如／transparency 名 透明性

☐ (5) I need to translate this document into Japanese .
▇▷

日本語訳 私は，この書類_____日本語_____。

✎ document 名 書類

解 答

(1) She 〈easily〉 adapted herself 〈to the new circumstances〉 .
　　 S　　 M 　　　V　　 O 　　　　　　　 M
　　 彼女は，容易に，自分自身を新しい環境に適応させた。

(2) The single man devotes all his time and energy 〈to his business〉 .
　　　　　　 S 　　　 V　　　　　　 O 　　　　　　 M
　　 その独身の男性は，すべての時間とエネルギーを，彼のビジネスに捧げている。

(3) We have to exchange yen 〈for dollars〉 〈at the airport〉 .
　　 S 　　 V 　　 O 　　 M 　　　　 M
　　 私たちは，空港で，円をドルに交換［両替］しなければならない。

(4) He 〈harshly〉 criticized the government 〈for the lack 〈of transparency〉〉 .
　　 S 　　 M 　　　V 　　　 O 　　　　　　　 M 　　　　 M
　　 彼は，政府を，透明性の欠如を理由に厳しく批判した。

(5) I need to translate this document 〈into Japanese〉 .
　　 S 　　 V 　　　 O 　　　　 M
　　 私は，この書類を日本語に翻訳する必要がある。

文構造を分析し，日本語に訳しましょう。

33

❶文の要素を■▶に（ S・V・O・C ）で表しましょう。❷《動詞＋O＋前置詞句》の表現について，動詞と前置詞に波線を引きましょう。❸修飾語句は，名詞を修飾する形容詞句なら（　　），名詞以外を修飾する副詞（句）なら〈　　〉でくくり，Mと記しましょう。❹ 日本語訳 ▶に訳を記しましょう。

☐ (1) We should confine the discussion to the point at issue .
▶

日本語訳 ▶_____

✎ discussion 名 議論／point 名 点／at issue　問題となっている

☐ (2) You shouldn't expose your skin to strong sunshine .
▶

日本語訳 ▶_____

✎ sunshine 名 日光

☐ (3) She substituted margarine for butter .
▶

日本語訳 ▶_____

✎ margarine 名 マーガリン

☐ (4) Everyone praised the editor for her remarkable achievement .
▶

日本語訳 ▶_____

✎ editor 名 編集者／remarkable 形 著しい／achievement 名 成果

☐ (5) She first classified the data into several categories .
▶

日本語訳 ▶_____

✎ first 副 最初に／category 名 カテゴリー, 種類, 部類

解答

(1) <u>We</u> <u>should confine</u> <u>the discussion</u> 〈to the point （at issue）〉.
　　S　　V　　　　　O　　　　　　M　　　　M
私たちは，議論を，問題となっている点［争点］に限定するべきだ。

(2) <u>You</u> <u>shouldn't expose</u> <u>your skin</u> 〈to strong sunshine〉.
　　S　　V　　　　　　O　　　　　　M
あなたは，肌を強い日光にさらすべきではない。

(3) <u>She</u> <u>substituted</u> <u>margarine</u> 〈for butter〉.
　　S　　V　　　　　O　　　　M
彼女は，マーガリンをバターの代わりに使った。

(4) <u>Everyone</u> <u>praised</u> <u>the editor</u> 〈for her remarkable achievement〉.
　　S　　　　V　　　　O　　　　　M
全員が，（彼女の）著しい成果に対してその編集者を賞賛した。

(5) <u>She</u> 〈first〉 <u>classified</u> <u>the data</u> 〈into several categories〉.
　　S　　M　　　V　　　　O　　　　　M
彼女は最初に，そのデータをいくつかのカテゴリーに分類した。

6 >>> 受動態①

ポイント

受動態を見た時に，頭の中で"元の形"が瞬時に浮かぶようになろう。

! 受動態の作り方

【Step1】「本来のO」が「S」に移動する ＝ Oが1つ減る（▲）
【Step2】Vを《be動詞＋*done*》の形にする
【Step3】残りは後ろに

「本来のS」は《by ＋ 本来のS》の形で示し，主に文末に置かれる。訳出は「〜に（よって）」。ただし，「本来のS」は書かれないことが多い。

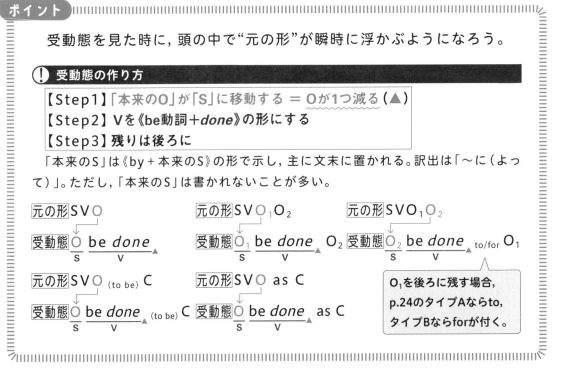

文構造を意識して，例文にならって，練習❶〜❹の灰色の部分をなぞりましょう。

34

例文

「本来のO」が「S」に移動＝Oが1つ減る

本来のO←   本来のS

(1) My request was ignored ▲ 〈 by everyone 〉.
　　　S　　　　　　V　　　　　　　　　M

request 名
要望／
ignore 動
〜を無視する

ignore O　　「Oを無視する」
↓
O be ignored　「Oは無視される」
S

私の要望は，全員によって無視された。

練習①

「本来のO」が「S」に移動＝Oが1つ減る

本来のO←

(2) We were given ▲ sufficient funds （ for the new project ）.
　　S　　V　　　　　　　O　　　　　　　　　M

fund 名
資金

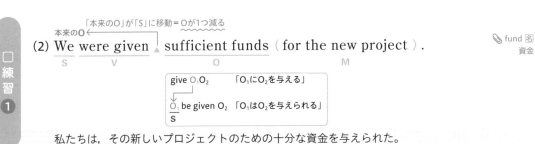

give O₁O₂　　「O₁にO₂を与える」
↓
O₁ be given O₂　「O₁はO₂を与えられる」
S

私たちは，その新しいプロジェクトのための十分な資金を与えられた。

練習 2

「本来のO」が「S」に移動＝Oが1つ減る

本来のO ←

(3) The award was given ▲ 〈 to a young scientist 〉.
　　　　S　　　　V　　　　　　　　　　　M

give O₁ O₂　　　「O₁にO₂を与える」
↓
O₂ be given to O₁　「O₂はO₁に与えられる」
S

🔖 award 名
賞

その賞は，ある若い科学者に与えられた。

練習 3

「本来のO」が「S」に移動＝Oが1つ減る

本来のO ←

(4) This fish is called ▲ a tuna 〈 in English 〉.
　　　S　　　V　　　　　　C　　　　　M

call O C　　　「OをCと呼ぶ」
↓
O be called C　「OはCと呼ばれる」
S

🔖 tuna 名
マグロ

この魚は，英語では，tuna（マグロ）と呼ばれている。

練習 4

「本来のO」が「S」に移動＝Oが1つ減る

本来のO ←

(5) Japan is regarded ▲ as a safe country.
　　　S　　V　　　　　　　C

regard O as C　　　「OをCだと見なす」
↓
O be regarded as C　「OはCだと見なされる」
S

日本は，安全な国だと見なされている。

ドリル 2 3 4　　文構造を分析しましょう。

🔊 34

❶文の要素を■▷に（S・V・O・C）で表しましょう。❷受動態によってOが消えている部分に，▲と記しましょう。❸修飾語句は，名詞を修飾する形容詞句なら（　），名詞以外を修飾する副詞句なら〈　〉でくくり，Mと記しましょう。

解答

□(1) My request was ignored by everyone .
■▷

ドリル1
例文

□(2) We were given sufficient funds for the new project .
■▷

ドリル1
練習 ❶

□(3) The award was given to a young scientist .
■▷

ドリル1
練習 ❷

□(4) This fish is called a tuna in English .
■▷

ドリル1
練習 ❸

□(5) Japan is regarded as a safe country .
■▷

ドリル1
練習 ❹

ドリル 1 2 **3** 4

文構造を分析し，日本語に訳しましょう。

35

❶文の要素を▶に（S・V・O・C）で表しましょう。❷受動態によってOが消えている部分に，▲と記しましょう。❸修飾語句は，名詞を修飾する形容詞句なら（　），名詞以外を修飾する副詞句なら〈　〉でくくり，Mと記しましょう。❹日本語訳▶の空所を埋めましょう。

□ (1) She was told a tragic story about the war by her parents .

▶

日本語訳▶彼女は，両親に，その戦争についての悲劇的な話＿＿＿＿＿＿＿＿。

tell O_1O_2 動 O_1にO_2を伝える，話す／tragic 形 悲劇的な

□ (2) He was named Shohei after the baseball player .

▶

日本語訳▶彼は，その野球選手にちなんでショウヘイ＿＿＿＿＿＿＿＿。

□ (3) The news will be made public tomorrow morning .

▶

日本語訳▶明日の朝，そのニュースは，＿＿＿＿＿＿＿＿。

public 形 公の

□ (4) This medicine is considered effective in the treatment of diabetes .

▶

日本語訳▶この薬は，糖尿病の治療において効果的だ＿＿＿＿＿＿＿＿。

medicine 名 薬／treatment 名 治療／diabetes 名 糖尿病

□ (5) Purple is regarded as a symbol of wisdom , wealth , and power .

▶

日本語訳▶紫は，英知，富，権力の象徴だ＿＿＿＿＿＿＿＿。

symbol 名 象徴，記号／wisdom 名 英知／wealth 名 富／power 名 権力

解答

(1) She (S) was told (V) ▲ a tragic story (O) (about the war) (M) 〈by her parents〉 (M) .

彼女は，両親に，その戦争についての悲劇的な話を伝えられた［知らされた / 教えてもらった］。

(2) He (S) was named (V) ▲ Shohei (C) 〈after the baseball player〉 (M) .

彼は，その野球選手にちなんでショウヘイと名付けられた。

(3) The news (S) will be made (V) ▲ public (C) 〈tomorrow morning〉 (M) .

明日の朝，そのニュースは，公にされる［公開される］だろう。

(4) This medicine (S) is considered (V) ▲ effective (C) 〈in the treatment (M) (of diabetes) (M)〉 .

この薬は，糖尿病の治療において効果的だと考えられている。

(5) Purple (S) is regarded (V) ▲ as a symbol (C) (of wisdom, wealth, and power) (M) .

紫は，英知，富，権力の象徴だと見なされている。

ドリル 1 2 3 4

文構造を分析し，日本語に訳しましょう。

36

❶文の要素を ▶に（S・V・O・C）で表しましょう。❷受動態によってOが消えている部分に，▲と記しましょう。❸修飾語句は，名詞を修飾する形容詞句なら（　），名詞以外を修飾する副詞句なら〈　〉でくくり，Mと記しましょう。❹日本語訳▶に訳を記しましょう。

□ (1) Those children are denied access to education .

▶

日本語訳▶ ______

deny O_1O_2 動 O_1にO_2を与えない

□ (2) The suspect was found guilty .

▶

日本語訳▶ ______

suspect 名 容疑者／find OC 動 OはCだと分かる／guilty 形 有罪の

□ (3) The window is kept open for air circulation .

▶

日本語訳▶ ______

air circulation　換気，空気の循環

□ (4) The Nobel Prize is considered to be the most prestigious prize in the world .

▶

日本語訳▶ ______

the Nobel Prize　ノーベル賞／prestigious 形 名声のある，権威のある

□ (5) Carbon dioxide is thought of as the primary cause of climate change .

▶

日本語訳▶ ______

carbon dioxide　二酸化炭素／primary 形 主な／climate change　気候変動

解答

(1) Those children (S) are denied (V) ▲ access (O) (to education) (M).

それらの子どもたちは，教育を受ける権利を与えられていない。

(2) The suspect (S) was found (V) ▲ guilty (C).

その容疑者は，有罪だと分かった。

(3) The window (S) is kept (V) ▲ open (C) 〈for air circulation〉 (M).

その窓は，換気のために，開けられたままである。

(4) The Nobel Prize (S) is considered (V) ▲ to be the most prestigious prize (C) 〈in the world〉 (M).

ノーベル賞は，世界で最も権威のある賞だと考えられている。

(5) Carbon dioxide (S) is thought of (V) ▲ as the primary cause (C) (of climate change) (M).

二酸化炭素は，気候変動の主な原因だと考えられている。

7 >>> 受動態②

《SVO＋*do*》型の動詞を受動態にすると，《*do*》の部分が《to *do*》になる。それ以外は，p.54と同じ考え方である。

⚠ 受動態の作り方

【Step1】「本来のO」が「S」に移動する ＝ Oが1つ減る（▲）
【Step2】Vを《be動詞＋*done*》の形にする
【Step3】残りは後ろに

元の形 S V O *do*
受動態 O̲ be *done* to *do*
　　　 S　　V　　　▲

元の形 S V O to *do*
受動態 O̲ be *done* to *do*
　　　 S　　V　　　　▲

元の形 S V O *doing*
受動態 O̲ be *done* *doing*
　　　 S　　V　　　▲

元の形 S V O *done*
受動態 O̲ be *done* *done*
　　　 S　　V　　　▲

元の形 S V O 前置詞句
受動態 O̲ be *done* 前置詞句
　　　 S　　V　　　▲

ドリル 1 2 3 4

文構造を意識して，例文にならって，練習❶～❹の灰色の部分をなぞりましょう。

37

例文

(1) My grandmother was made ▲ to sign the contract 〈 against her will 〉.
　　 S　　　　　　　　V　　　　　　　　C　　　　　　　　　　　M

「本来のO」が「S」に移動＝Oが1つ減る
本来のO ←

make O *do*　「Oに…させる」
　　　└ C
O̲ be made to *do*　「Oは…させられる」
S　　　　 C

私の祖母は，彼女の意志に反してその契約書に署名させられた。

□ 練習 ❶

(2) My father was forced ▲ to sell all his assets.
　　 S　　　　V　　　　　　　　C

🖉 asset 名
資産

「本来のO」が「S」に移動＝Oが1つ減る
本来のO ←

force O to *do*　「Oに…するのを強制する」
　　　└─ C
O̲ be forced to *do*　「Oは…するのを強制される」
S　　　　　 C

私の父は，すべての彼の資産を売ることを強制された。

練習
2

「本来のO」が「S」に移動＝Oが1つ減る

本来のO ←

(3) The guests were kept ▲ waiting 〈 at the entrance 〉.
　　　　S　　　　　　V　　　　　C　　　　　　　　M

keep O *doing* 「Oを…しているままにする」
　　　　　　C
↓
O be kept *doing* 「Oは…しているままにされる」
S　　　　　　C

客は，入口で待っているままにさせられた［待たされた］。

練習
3

「本来のO」が「S」に移動＝Oが1つ減る

本来のO ←

(4) The man was robbed ▲ 〈 of his belongings 〉〈 along the street 〉.
　　　　S　　　　V　　　　　　　　M　　　　　　　　　　　M

rob O of 〜 「Oから〜を奪う」
↓
O be robbed of 〜 「Oは〜を奪われる」
S

その男性は，その道沿いで，彼の所持品を奪われた。

練習
4

「本来のO」が「S」に移動＝Oが1つ減る

本来のO ←

(5) You will be informed ▲ 〈 of the results 〈 of the investigation 〉〉.
　　　S　　　　V　　　　　　　　M　　　　　　　　M

🔖 result 名
結果

inform O of 〜 「Oに〜を知らせる」
↓
O be informed of 〜 「Oは〜を知らされる」
S

あなたは，その調査の結果を知らされるだろう。

ドリル
2 3 4

文構造を分析しましょう。

🔊 37

❶文の要素を ▮▷ に（ S・V・O・C ）で表しましょう。❷受動態によってOが消えて
いる部分に，▲ と記しましょう。❸修飾語句は，名詞を修飾する形容詞句なら
（　　），名詞以外を修飾する副詞句なら〈　　〉でくくり，Mと記しましょう。

解答

☐ (1) My grandmother was made to sign the contract against her will .
▮▷

▶ ドリル1
例文

☐ (2) My father was forced to sell all his assets .
▮▷

▶ ドリル1
練習 ❶

☐ (3) The guests were kept waiting at the entrance .
▮▷

▶ ドリル1
練習 ❷

☐ (4) The man was robbed of his belongings along the street .
▮▷

▶ ドリル1
練習 ❸

☐ (5) You will be informed of the results of the investigation .
▮▷

▶ ドリル1
練習 ❹

ドリル 3 1 2 ☐ 4

文構造を分析し，日本語に訳しましょう。

38

❶文の要素を▶■に（**S・V・O・C**）で表しましょう。❷受動態によってOが消えている部分に，▲と記しましょう。❸修飾語句は，名詞を修飾する形容詞句なら（　　），名詞以外を修飾する副詞句なら〈　　〉でくくり，**M**と記しましょう。❹ **日本語訳▶**の空所を埋めましょう。

☐ (1) The passengers were made to wait on the bus .
▶■

日本語訳▶ 乗客たちは，バスで＿＿＿＿＿＿＿＿＿＿＿＿＿＿＿＿＿＿＿＿＿。

🔖 passenger 名 乗客／make O *do* 動 Oに…させる

☐ (2) The participants were asked to describe a painful experience in their life .
▶■

日本語訳▶ 参加者たちは，彼らの人生における痛ましい経験を説明する＿＿＿＿＿＿＿＿＿＿＿＿＿＿＿。

🔖 participant 名 参加者／painful 形 痛ましい／experience 名 経験

☐ (3) The water was left running .
▶■

日本語訳▶ 水は，＿＿＿＿＿＿＿＿＿＿＿＿＿＿＿＿＿＿＿＿＿＿＿＿＿＿＿。

🔖 leave O *doing* 動 Oが…しているままにする

☐ (4) The real reason should be left unsaid .
▶■

日本語訳▶ 本当の理由は，＿＿＿＿＿＿＿＿＿＿＿＿＿＿＿＿＿＿＿＿＿＿＿。

🔖 leave O *done* 動 Oが…されるままにする／unsaid 形 言われない，口に出されない

☐ (5) The scientist was praised for his amazing discovery .
▶■

日本語訳▶ その科学者は，彼の驚くべき発見に対して＿＿＿＿＿＿＿＿＿＿＿＿＿＿＿＿。

🔖 amazing 形 驚くべき／discovery 名 発見

解答

(1) <u>The passengers</u> <u>were made</u> ▲ <u>to wait</u> 〈on the bus〉.
　　　　S　　　　　　V　　　　　　C　　　　　M
　　乗客たちは，バスで待たされた。

(2) <u>The participants</u> <u>were asked</u> ▲ <u>to describe a painful experience</u> （in their life）.
　　　　S　　　　　　　V　　　　　　　C　　　　　　　　　　　　M
　　参加者たちは，彼らの人生における痛ましい経験を説明するよう頼まれた。

(3) <u>The water</u> <u>was left</u> ▲ <u>running</u>.
　　　　S　　　　V　　　　C
　　水は，流れているまま［出しっぱなし］にされ（てい）た。

(4) <u>The real reason</u> <u>should be left</u> ▲ <u>unsaid</u>.
　　　　S　　　　　　V　　　　　　C
　　本当の理由は，言われないままにされて［言わないで］おくべきだ。

(5) <u>The scientist</u> <u>was praised</u> ▲ 〈for his amazing discovery〉.
　　　　S　　　　　V　　　　　　　　M
　　その科学者は，彼の驚くべき発見に対して賞賛された。

ドリル 123④ 文構造を分析し，日本語に訳しましょう。

39

❶文の要素を ▦▶ に（S・V・O・C）で表しましょう。❷受動態によってOが消えている部分に，▲と記しましょう。❸修飾語句は，名詞を修飾する形容詞句なら（　　），名詞以外を修飾する副詞句なら〈　　〉でくくり，Mと記しましょう。❹ 日本語訳▶ に訳を記しましょう。

☐ **(1)** He was heard to criticize his boss .
▦▶

日本語訳▶ _____

🔖 hear O *do* 動 Oが…するのを聞く／criticize 動 ～を批判する／boss 名 上司

☐ **(2)** Candidates for the scholarship are required to send this document .
▦▶

日本語訳▶ _____

🔖 candidate 名 志願者，（立）候補者／scholarship 名 奨学金

☐ **(3)** He was seen quarreling with someone on the street .
▦▶

日本語訳▶ _____

🔖 see O *doing* 動 Oが…しているのを見る／quarrel (with ～) 動 （～と）口論する

☐ **(4)** The territorial dispute between the two countries has been left unsolved .
▦▶

日本語訳▶ _____

🔖 territorial 形 領土の／dispute 名 紛争／unsolved 形 解決されていない

☐ **(5)** Women in this tribe were deprived of their liberty .
▦▶

日本語訳▶ _____

🔖 tribe 名 部族／deprive O of ～ 動 Oから～を奪う／liberty 名 自由

解 答

(1) He was heard ▲ to criticize his boss.
　　　 S　　V　　　　　　C
彼は，彼の上司を批判するのを聞かれた。

(2) Candidates (for the scholarship) are required ▲ to send this document.
　　　 S　　　　　　M　　　　　　　　 V　　　　　　 C
奨学金の志願者（たち）は，この書類を送るよう要求されている。

(3) He was seen ▲ quarreling 〈with someone〉 〈on the street〉 .
　　　 S　　V　　　　C　　　　　　 M　　　　　　　 M
彼は，道で誰かと口論しているのを見られた。

(4) The territorial dispute (between the two countries) has been left ▲ unsolved.
　　　　　　 S　　　　　　　　　　　 M　　　　　　　　　 V　　　　　 C
その二国間の領土紛争は，解決されていないままである。

(5) Women (in this tribe) were deprived ▲ 〈of their liberty〉 .
　　　　 S　　　 M　　　　　 V　　　　　　 M
この部族の女性たちは，彼女たちの自由を奪われ（てい）た。

8 ››› There VS 構文

ポイント

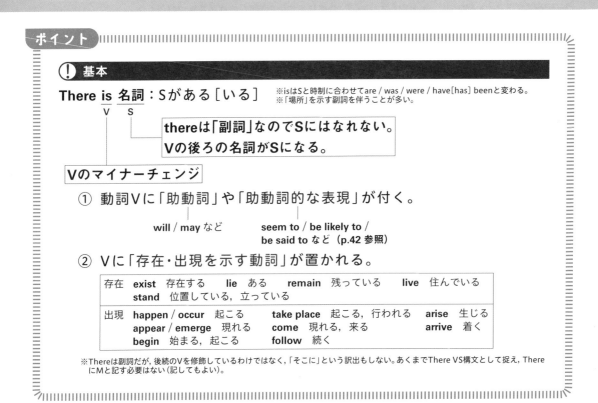

⚠ 基本

There is 名詞：Sがある［いる］
　　　V　　S

※isはSと時制に合わせてare / was / were / have[has] beenと変わる。
※「場所」を示す副詞を伴うことが多い。

thereは「副詞」なのでSにはなれない。
Vの後ろの名詞がSになる。

Vのマイナーチェンジ

① 動詞Vに「助動詞」や「助動詞的な表現」が付く。

will / may など　　　　seem to / be likely to /
　　　　　　　　　　　be said to など（p.42 参照）

② Vに「存在・出現を示す動詞」が置かれる。

存在	exist 存在する　　lie ある　　remain 残っている　　live 住んでいる stand 位置している，立っている
出現	happen / occur 起こる　　take place 起こる，行われる　　arise 生じる appear / emerge 現れる　　come 現れる，来る　　arrive 着く begin 始まる，起こる　　follow 続く

※Thereは副詞だが，後続のVを修飾しているわけではなく，「そこに」という訳出もしない。あくまでThere VS構文として捉え，There にMと記す必要はない（記してもよい）。

ドリル 1 234　文構造を意識して，例文にならって，練習❶〜❹の灰色の部分を なぞりましょう。

 40

例文

thereは「副詞」なので, Sにはなれない。

(1) There is a statue 〈 near the station 〉.
　　　　　V　　S　　　　　　　　M

🔖 statue 名
像

There is S 「Sがある，いる」

その駅の近くに像がある。

練習 ❶

thereは「副詞」なので, Sにはなれない。

(2) There seems to be a misunderstanding 〈 between them 〉.
　　　　　V　　　　　　　S　　　　　　　　　　M

🔖 misunderstanding 名
誤解

There	is	S 「Sがある」
	seems to be	「Sがあるようだ」

彼らの間には，誤解があるようだ。

練習 2

there は「副詞」なので, S にはなれない。

(3) There are likely to be impacts (on the environment and the ecology).
　　　　　　V　　　　　S　　　　　　　　　　　　　M

| There | are | S 「Sがある」 |
| | are likely to be | 「Sがある可能性が高い」 |

環境と生態系への影響がある可能性が高い。

練習 3

there は「副詞」なので, S にはなれない。

(4) There are said to be about 7,000 languages 〈 in the world 〉.
　　　　　V　　　　　　S　　　　　　　M

| There | are | S 「Sがある」 |
| | are said to be | 「Sがあると言われている」 |

世界には, 約 7,000 の言語があると言われている。

練習 4

there は「副詞」なので, S にはなれない。

(5) There exist various ways (to improve the accuracy (of AI translation)).
　　　　V　　　S　　　　　　　M　　　　　　　　　M

| There | are | S 「Sがある」 |
| | exist | 「Sが存在する」 |

AI（による）翻訳の正確性を向上させるさまざまな方法が存在する。

ドリル 1 2 3 4

文構造を分析しましょう。

◆）40

❶文の要素を ▶ に（S・V・O・C）で表しましょう。❷修飾語句は, 名詞を修飾する形容詞句なら（　）, 名詞以外を修飾する副詞（句）なら〈　〉でくくり, M と記しましょう。

解答

□(1) There is a statue near the station .
▶
▶ ドリル1 例文

□(2) There seems to be a misunderstanding between them .
▶
▶ ドリル1 練習❶

□(3) There are likely to be impacts on the environment and the ecology .
▶
▶ ドリル1 練習❷

□(4) There are said to be about 7,000 languages in the world .
▶
▶ ドリル1 練習❸

□(5) There exist various ways to improve the accuracy of AI translation .
▶
▶ ドリル1 練習❹

ドリル 1 2 3 4 文構造を分析し，日本語に訳しましょう。

41

❶文の要素を▶に（**S・V・O・C**）で表しましょう。❷修飾語句は，名詞を修飾する形容詞句なら（　　），名詞以外を修飾する副詞（句）なら〈　　〉でくくり，Mと記しましょう。❸ **日本語訳** の空所を埋めましょう。

☐ **(1)** There seems to be agreement about the drug's effectiveness among experts .
▶

日本語訳▶専門家たちの間で，その薬の有効性についての合意＿＿＿＿＿＿＿＿＿＿＿＿＿＿＿＿＿＿＿。

✎ agreement 名 合意／effectiveness 名 有効性

☐ **(2)** There may come a time when we can predict earthquakes accurately .
▶

日本語訳▶私たちが地震を正確に予測できる時＿＿＿＿＿＿＿＿＿＿＿＿＿＿＿＿＿＿＿＿＿。

✎ predict 動 ～を予測する／earthquake 名 地震／accurately 副 正確に

☐ **(3)** There remains a risk of infection with the virus .
▶

日本語訳▶そのウイルスに感染するリスク＿＿＿＿＿＿＿＿＿＿＿＿＿＿＿＿＿＿＿＿＿＿＿。

✎ risk 名 リスク／infection (with ～) 名 (～に)感染(すること)

☐ **(4)** Last week , there took place a military parade in North Korea .
▶

日本語訳▶先週，北朝鮮で，軍事パレード＿＿＿＿＿＿＿＿＿＿＿＿＿＿＿＿＿＿＿＿＿＿＿。

✎ military parade 軍事パレード

☐ **(5)** There are believed to be many benefits to this supplement .
▶

日本語訳▶このサプリメントには，多くのメリット＿＿＿＿＿＿＿＿＿＿＿＿＿＿＿＿＿＿＿＿＿。

✎ benefit 名 メリット, 利点, 恩恵／supplement 名 サプリメント

解 答

(1) There seems to be agreement （about the drug's effectiveness）〈among experts〉.
　　　　　　　V　　　　　　S　　　　　　　　　　M　　　　　　　　　　　M
専門家たちの間で，その薬の有効性についての合意があるようだ。

> このwhenは関係副詞で, when節が
> timeを修飾している (p.98)

(2) There may come a time （when we can predict earthquakes 〈accurately〉）.
　　　　　　V　　　　S　　　　　　　　　M　　　　　　　　　　M
私たちが地震を正確に予測できる時がくるかもしれない。

(3) There remains a risk （of infection （with the virus））.
　　　　　　V　　　S　　　　M　　　　　　M
そのウイルスに感染するリスクは，残っている。

(4) 〈Last week〉, there took place a military parade 〈in North Korea〉.
　　　　M　　　　　　　V　　　S　　　　　　　　M
先週，北朝鮮で，軍事パレードが開催された。

(5) There are believed to be many benefits 〈to this supplement〉.
　　　　　　V　　　　　　S　　　　　　M
このサプリメントには，多くのメリットがあると信じられている。

文構造を分析し，日本語に訳しましょう。

42

❶文の要素を▶に（S・V・O・C）で表しましょう。❷修飾語句は，名詞を修飾する形容詞句なら（　　），名詞以外を修飾する副詞（句）なら〈　　〉でくくり，Mと記しましょう。❸ 日本語訳 ▶に訳を記しましょう。

☐ **(1)** There appears to be a shortage of red ink .
▶

日本語訳 ▶＿＿＿＿＿＿＿＿＿＿＿＿＿＿＿＿＿＿＿＿＿＿＿＿＿＿＿＿＿＿＿

✑ shortage 名 不足

☐ **(2)** In this forest , there used to live many wild creatures .
▶

日本語訳 ▶＿＿＿＿＿＿＿＿＿＿＿＿＿＿＿＿＿＿＿＿＿＿＿＿＿＿＿＿＿＿＿

✑ wild 形 野生の／creature 名 生物, 動物

☐ **(3)** In June of the year , there occurred a flood in the village .
▶

日本語訳 ▶＿＿＿＿＿＿＿＿＿＿＿＿＿＿＿＿＿＿＿＿＿＿＿＿＿＿＿＿＿＿＿

✑ flood 名 洪水／village 名 村

☐ **(4)** Once upon a time , there lived a beautiful princess in a magnificent palace .
▶

日本語訳 ▶＿＿＿＿＿＿＿＿＿＿＿＿＿＿＿＿＿＿＿＿＿＿＿＿＿＿＿＿＿＿＿

✑ once upon a time　昔々／magnificent 形 壮大な／palace 名 宮殿

☐ **(5)** There is believed to be a spy among them .
▶

日本語訳 ▶＿＿＿＿＿＿＿＿＿＿＿＿＿＿＿＿＿＿＿＿＿＿＿＿＿＿＿＿＿＿＿

✑ spy 名 スパイ

解 答

(1) There appears to be a shortage （of red ink）.
　　　　　　V　　　　　S　　　　　　M
赤インクの不足があるようだ［赤インクが不足しているようだ］。

(2) 〈In this forest〉, there used to live many wild creatures.
　　　　　M　　　　　　　V　　　　　S
助動詞used to *do*
「かつては…だった／したものだ」
この森には，かつて多くの野生動物が住んでいた。

(3) 〈In June （of the year）〉, there occurred a flood 〈in the village〉.
　　　　　　M　　　　M　　　　　　　V　　　　S　　　　　M
その年の 6 月，その村で洪水が起こった。

(4) 〈Once upon a time〉, there lived a beautiful princess 〈in a magnificent palace〉.
　　　　　　M　　　　　　　V　　　　S　　　　　　　　　M
昔々，ある壮大な宮殿に，美しい王女が住んでいた。

(5) There is believed to be a spy 〈among them〉.
　　　　　　V　　　　　　S　　　M
彼らの中に，スパイがいると信じられている。

「名詞のカタマリ」を始める前に

　複数の語句がまとまってカタマリとなり，カタマリ全体で名詞，形容詞，副詞の働きをすることがあります。Chapter3では「名詞のカタマリ」，Chapter4では「形容詞のカタマリ」と「副詞のカタマリ」を整理します。

1 句・節

　カタマリは，「句」と「節」の2種類に分類できます。**S＋Vを含まないカタマリを「句」，S＋Vを含むカタマリを「節」**と呼びます。

　また，カタマリ全体が「名詞」の働きをする場合は「名詞句・名詞節」，カタマリ全体が「形容詞」の働きをする場合は「形容詞句・形容詞節」，カタマリ全体が「副詞」の働きをする場合は「副詞句・副詞節」と呼びます。

	句 S＋Vを含まないカタマリ	節 S＋Vを含むカタマリ
カタマリ全体が「名詞」	［ 名詞句 ］	［ 名詞節 ］
カタマリ全体が「形容詞」	（形容詞句）	（形容詞節）
カタマリ全体が「副詞」	〈 副詞句 〉	〈 副詞節 〉

　さらに，「名詞・形容詞・副詞」以外の言葉が，「◯句」や「◯節」の◯に入ることがあります。その場合は，「◯が作る句・節」という意味です。例えば，「不定詞句」は「不定詞が作る句」，「that節」は「thatが作る節」という意味です。

　以上をふまえ，次のような表現を理解できるようにしましょう。

---

^(例1) この「不定詞句」は「形容詞句」だ　➡　この不定詞が作る句は，全体が形容詞の働きだ

^(例2) この「that節」は「名詞節」だ　➡　このthatが作る節は，全体が名詞の働きだ

---

2 句・節の品詞判定

S・O・Cである＝［名詞のカタマリ］

　カタマリ全体が，S・O・Cである場合，基本的に［**名詞のカタマリ**］と判断します。S・O・Cは文の主要素であるため，S・O・Cに置かれたカタマリを取り除いてしまうと，文が破綻します。よって，「取り除けないカタマリは［**名詞のカタマリ**］である」と考えてもよいです。

※Chapter2で扱ったSVOCのCに準動詞が置かれた形を除く。

S・O・Cでない＝M

カタマリ全体がS・O・Cでない場合，M（修飾要素）と判断します。Mは「飾り」なので，取り除いても問題ありません。よって，「取り除けるカタマリはMである」と考えてもよいです。

また，Mは「何を修飾するか」によって2種類に分類できます。名詞を修飾するなら（**形容詞のカタマリ**），名詞以外を修飾するなら〈**副詞のカタマリ**〉と判断します。

カタマリ（句・節）全体が，

- **S・O・C**（文の主要素＝取り除くと文が破綻）━━━━━━━━➡ ［名詞のカタマリ］
- **M**（修飾要素＝取り除いても文が成立） ┬ 名詞を修飾している ➡（形容詞のカタマリ）
                      └ 名詞以外を修飾している ➡〈副詞のカタマリ〉

3 ［名詞のカタマリ］を作る語句　　学習ページ ▶ p.68, p.72, p.76, p.80

		例文
名詞句	不定詞 (to do)	My dream is [to be a doctor]. S　　　V　C 私の夢は，医者になることだ。
	疑問詞＋不定詞 (what to do / how to do など)	He doesn't know [how to solve this problem]. S　　V　　　　O 彼は，どのようにこの問題を解くべきかを知らない。
	動名詞 (doing)	My hobby is [watching movies]. S　　　V　C 私の趣味は，映画を観ることだ。
名詞節	疑問代名詞 (which / who / what)	He wants to know [which is better]. S　　V　　　O 彼は，どちら[どれ]がより良いかを知りたがっている。
	関係代名詞 (what)	[What he said yesterday] was a lie. S　　　　　　　V　C 彼が昨日言ったことは，うそだった。
	疑問副詞・関係副詞 (when / where / why / how)	He doesn't know [where we should go]. S　　V　　　O 彼は，私たちがどこへ行くべきかを知らない。
	接続詞 (that / whether / if)	He believes [that I am innocent]. S　V　　O 彼は，私が無実であると信じている。

4 形式のit　　学習ページ ▶ p.84

主語（S）や目的語（O）の位置に置かれた**it**が，「すでに登場した単数名詞」ではなく，後続の［名詞句/節］を指す場合があります。このような**it**を「**形式のit**」と呼びます。

1 ›››› 名詞句　動名詞・不定詞・疑問詞＋不定詞

ポイント

❗ 文全体の視点

doing（動名詞）/ **to *do***（不定詞）/ **疑問詞 to *do***（疑問詞＋不定詞）は［名詞句］を作り，文中で【S・O・C・前置詞のO】になる。

※例外：**to *do***（不定詞）が作る名詞句は，前置詞のOになれない。

❗ カタマリ内部の視点

doing（動名詞）/ **to *do***（不定詞）には元の動詞（Ⓥ）の性質も残っており，そのⓋに応じた文型（Ⓞ・Ⓒ）が続く。疑問詞 **to *do***の形において，
①**what / which / who** は，カタマリ内部で自分自身がⓄの役割を担う。
②**where / when / how** は，カタマリ内部で自分自身がⓋを修飾する副詞（Ⓜ）の役割を担う。

【例】
　　ⓄⓋ 　　　　　　　 ⒨ⓥ Ⓞ
　　what to use　　　how to use this machine
　　何を使うべきか　　どのようにこの機械を使うべきか

❗ 訳出

to *do* / *doing*	…すること		
what to *do*	何を…すべきか	where to *do*	どこで…すべきか
which to *do*	どちら［どれ］を…すべきか	when to *do*	いつ…すべきか
who to *do*	誰を…すべきか	how to *do*	どのように…すべきか

ドリル **1** 234

文構造を意識して，例文にならって，練習❶〜❹の灰色の部分をなぞりましょう。

43

例文

（1）My hobby is ［ watching videos 〈 on the Internet 〉］.
　　　S　　　 V C

カタマリ内部の視点　watch O　「Oを見る」
　　　　　　　　　　　 Ⓥ　　　 Ⓞ　　　　　　　　 Ⓜ

🖉 hobby 名
趣味

文全体の視点　動名詞句［watching videos on the Internet］が，補語（Ⓒ）の役割を担う名詞句。

私の趣味は，［インターネットで動画を見ること］だ。

練習 ❶

（2）［ Keeping children quiet ］ is not easy.
　　　S　　　　　　　　　　　 V　 C

カタマリ内部の視点　keep OC　「OをCのままにする」
　　　　　　　　　 Ⓥ　　　 Ⓞ　　 Ⓒ

文全体の視点　動名詞句［Keeping children quiet］が，主語（Ⓢ）の役割を担う名詞句。

［子どもを静かにさせておくこと］は，簡単ではない。

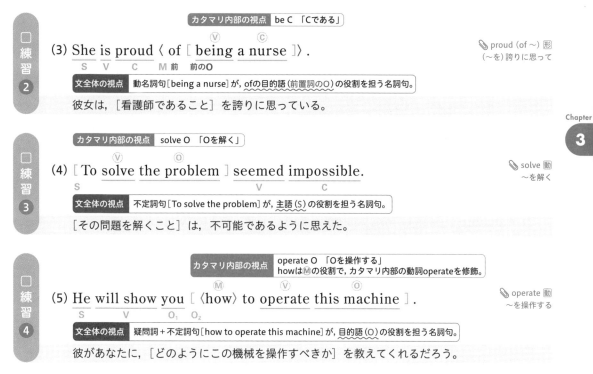

練習 2

カタマリ内部の視点 be C 「Cである」

(3) She is proud 〈 of [being a nurse]〉.
S　V　　C　　M 前　前のO

文全体の視点 動名詞句[being a nurse]が, ofの目的語(前置詞のO)の役割を担う名詞句。

彼女は, [看護師であること] を誇りに思っている。

✎ proud (of 〜) 形
(〜を)誇りに思って

練習 3

カタマリ内部の視点 solve O 「Oを解く」

(4) [To solve the problem] seemed impossible.
S　　　　　　　　　　　　　　V　　　　C

文全体の視点 不定詞句[To solve the problem]が, 主語(S)の役割を担う名詞句。

[その問題を解くこと] は, 不可能であるように思えた。

✎ solve 動
〜を解く

練習 4

カタマリ内部の視点 operate O 「Oを操作する」
howはMの役割で, カタマリ内部の動詞operateを修飾。

(5) He will show you [〈how〉 to operate this machine].
S　V　　　　O₁　O₂

文全体の視点 疑問詞+不定詞句[how to operate this machine]が, 目的語(O)の役割を担う名詞句。

彼があなたに, [どのようにこの機械を操作すべきか] を教えてくれるだろう。

✎ operate 動
〜を操作する

ドリル 2 (1 3 4)

文構造を分析しましょう。

43

❶[名詞のカタマリ]を見つけて, [ ]を記しましょう。❷文全体の文の要素を A▶に (S・V・O・C・M) で表しましょう。❸カタマリ内部の文の要素を B▶に (S・Ⓥ・Ⓞ・Ⓒ・Ⓜ)で表しましょう。

解答

B▶
☐ (1) My hobby is watching videos on the Internet .
A▶

▶ドリル1
例文

B▶
☐ (2) Keeping children quiet is not easy .
A▶

▶ドリル1
練習 ❶

B▶
☐ (3) She is proud of being a nurse .
A▶

▶ドリル1
練習 ❷

B▶
☐ (4) To solve the problem seemed impossible .
A▶

▶ドリル1
練習 ❸

B▶
☐ (5) He will show you how to operate this machine .
A▶

▶ドリル1
練習 ❹

文構造を分析し，日本語に訳しましょう。

44

> ❶［名詞のカタマリ］を見つけて，[　]を記しましょう。❷文全体の文の要素を
> **A▶**に（S・V・O・C・M）で表しましょう。❸カタマリ内部の文の要素を **B▶**に（S）
> ・Ⓥ・Ⓞ・Ⓒ・Ⓜ）で表しましょう。❹**日本語訳▶**の空所を埋めましょう。

B▶ □ (1) Running a big company made me famous .
A▶

日本語訳▶_____ は，私を有名にした。

🖉 run 動 ～を経営する

B▶ □ (2) Watching videos before you go to bed is not good for your eyes .
A▶

日本語訳▶_____ は，あなたの目にとって良くない。

B▶ □ (3) Some people avoid expressing their opinions .
A▶

日本語訳▶一部の人は，_____ を避ける。

🖉 avoid 動 ～を避ける／express 動 ～を表現する

B▶ □ (4) To discuss various topics requires broad knowledge .
A▶

日本語訳▶_____ は，幅広い知識を必要とする。

🖉 discuss 動 ～について議論する／require 動 ～を必要とする／broad 形 幅広い／knowledge 名 知識

B▶ □ (5) This magazine gave me valuable information on how to take care of pets .
A▶

日本語訳▶この雑誌は私に，_____ についての有益な情報を与えてくれた。

🖉 valuable 形 有益な，価値のある／take care of ～　～の世話をする

解 答

(1) ［Running a big company］ made me famous.
　　　　　Ⓥ　　　　　　Ⓞ
　　S　　　　　　　　　V　O　C
　　［大企業を経営すること］は，私を有名にした。

(2) ［Watching videos 〈before you go to bed〉］ is not good 〈for your eyes〉.
　　　　Ⓥ　　Ⓞ　　　　　Ⓜ
　　S　　　　　　　　　　　　　　　　V　　C　　　M
　　［寝る前に動画を見ること］は，あなたの目にとって良くない。

(3) Some people avoid ［expressing their opinions］.
　　　　　　　　　　　　　Ⓥ　　　　Ⓞ
　　　　S　　　　V　　O
　　一部の人は，［自分の意見を表現すること］を避ける。

(4) ［To discuss various topics］ requires broad knowledge.
　　　　Ⓥ　　　Ⓞ
　　S　　　　　　　　　V　　　　O
　　［さまざまな話題について議論すること］は，幅広い知識を必要とする。

(5) This magazine gave me valuable information (on ［〈how〉 to take care of pets]) .
　　　　　　　　　　　　　　　　　　　　　　　Ⓜ　　　　Ⓥ　　　　Ⓞ
　　　S　　　　V　O₁　　　　O₂　　　　M 前　前のO
　　この雑誌は私に，［どのようにペットを世話すべきか］についての有益な情報を与えてくれた。

ドリル 1 2 3 4　文構造を分析し，日本語に訳しましょう。

45

❶［名詞のカタマリ］を見つけて，［　］を記しましょう。❷文全体の文の要素を
A▶に（S・V・O・C・M）で表しましょう。❸カタマリ内部の文の要素を**B▶**に（Ⓢ
・Ⓥ・Ⓞ・Ⓒ・Ⓜ）で表しましょう。❹**日本語訳▶**に訳を記しましょう。

☐ **(1)** **B▶** Being honest with anyone will make you a reliable person .
　　　A▶

日本語訳▶ _____

✎ honest（with ～）形（～に対して）正直な／reliable 形 信頼できる

☐ **(2)** **B▶** He criticized my suggestion for being unrealistic .
　　　A▶

日本語訳▶ _____

✎ suggestion 名 提案／unrealistic 形 非現実的な

☐ **(3)** **B▶** You should give up making others accept your beliefs .
　　　A▶

日本語訳▶ _____

✎ give up ～をやめる／accept 動 ～を受け入れる／belief 名 信念, 信じていること

☐ **(4)** **B▶** To stay quiet for a long time requires patience .
　　　A▶

日本語訳▶ _____

✎ stay C 動 Cのままである／patience 名 忍耐力

☐ **(5)** **B▶** We need to ask our boss what to prepare before the conference .
　　　A▶

日本語訳▶ _____

✎ prepare 動 ～を準備する／conference 名（大規模な公式の）会議

解 答

(1) ［Being honest 〈with anyone〉］ will make you a reliable person.
　　 Ⓥ　　Ⓒ　　　　Ⓜ　　　　　　V　　　O　　C
　　 S
　　［いかなる人に対しても正直であること］は，あなたを信頼できる人間にするだろう。

(2) He criticized my suggestion 〈for ［being unrealistic］〉.
　　 S　　V　　　O　　　　　　M前　前のO　Ⓥ　Ⓒ
　　 彼は，私の提案を，［非現実的である］という理由で批判した。

(3) You should give up ［making others accept your beliefs］.
　　 S　　　V　　　　Ⓥ　　Ⓞ　　Ⓒ
　　　　　　　　　　　O
　　 あなたは，［他人に自分［あなた］の信念を受け入れさせること］をやめるべきだ。

(4) ［To stay quiet 〈for a long time〉］ requires patience.
　　 Ⓥ　Ⓒ　　　　　　　　　　V　　　O
　　 S
　　［長い間黙ったままでいること］は，忍耐力を要する。

(5) We need to ask our boss ［what to prepare 〈before the conference〉］.
　　 S　　V　　　O₁　　　Ⓞ　　Ⓥ　　　　Ⓜ
　　　　　　　　　　　　　O₂
　　 私たちは上司に，［会議の前に何を準備するべきか］を尋ねる必要がある。

2 >>> 名詞節① 疑問代名詞・関係代名詞

ポイント

⚠ 文全体の視点

which ／ who（疑問代名詞）やwhat（疑問代名詞・関係代名詞）は［名詞節］を作り，文中で【S・O・C・前置詞のO】になる。

⚠ カタマリ内部の視点

which ／ who（疑問代名詞）やwhat（疑問代名詞・関係代名詞）は，カタマリ内部で自分自身が名詞（S・O・C・前置詞のO）の役割を担う。

⚠ 訳出 ※whatは，訳出によって「疑問代名詞」か「関係代名詞」の2種類に分類できる。

	疑問代名詞	関係代名詞
which（S）V …	どちら［どれ］…か	×
who（S）V …	誰…か	×
what（S）V …	何…か	…こと／もの

ドリル 1 234 文構造を意識して，例文にならって，練習❶〜❹の灰色の部分をなぞりましょう。

46

例文

カタマリ内部の視点 whichは，自分自身がbuyの目的語（Ⓞ）の役割。

(1) I don't know [which you should buy].
　　S　V　　　O 　　Ⓞ　Ⓢ　　Ⓥ

文全体の視点 which節［which you should buy］が，目的語（O）の役割を担う名詞節。

私は，［あなたがどちら［どれ］を買うべきか］が分からない。

練習 ❶

カタマリ内部の視点 whoは，自分自身がwill attendの主語（Ⓢ）の役割。

(2) The problem is [who will attend the meeting].
　　　　S　　　V 　　Ⓢ　　Ⓥ　　　　Ⓞ
　　　　　　　　S　　V C

文全体の視点 who節［who will attend the meeting］が，補語（C）の役割を担う名詞節。

問題は，［誰がその会議に出席するか］である。

練習 2

カタマリ内部の視点　whatは，自分自身がaboutの目的語（前置詞の◎）の役割。

前の◎　Ⓢ　Ⓥ　前　　　　　Ⓜ
(3) ［What he wrote about 〈 in the article 〉］ is interesting.
　　 S　　　　　　　　　　　　　　　　　　　V　　C

✎ article 名
記事

文全体の視点　what節［What he wrote about in the article］が，主語（S）の役割を担う名詞節。

［彼がその記事の中で書いたこと］は，興味深い。

練習 3

カタマリ内部の視点　whoは，自分自身がisの補語（Ⓒ）の役割。

Ⓒ　Ⓢ　Ⓥ
(4) I am interested 〈 in ［ who he is ］〉.
　　S V　　　　C　　　M前　前の◎

文全体の視点　who節［who he is］が，inの目的語（前置詞の◎）の役割を担う名詞節。

私は，［彼が誰であるか］に興味がある。

練習 4

カタマリ内部の視点　whatは，自分自身がsaidの目的語（◎）の役割。

Ⓞ　Ⓢ　Ⓥ
(5) I don't remember ［ what he said ］.
　　S　　V　　　　　　　O

文全体の視点　what節［what he said］が，目的語（O）の役割を担う名詞節。

私は，［彼が何を言ったか / 彼が言ったこと］を覚えていない。

ドリル 1 2 3 4

文構造を分析しましょう。

🔊 46

❶［名詞のカタマリ］を見つけて，［　］を記しましょう。❷文全体の文の要素を
Ａ▶に（S・V・O・C・M）で表しましょう。❸カタマリ内部の文の要素をＢ▶に（Ⓢ
・Ⓥ・◎・Ⓒ・Ⓜ）で表しましょう。

解答

Ｂ▶
☐ (1) I don't know which you should buy .
Ａ▶

▶ドリル1
例文

Ｂ▶
☐ (2) The problem is who will attend the meeting .
Ａ▶

▶ドリル1
練習 ❶

Ｂ▶
☐ (3) What he wrote about in the article is interesting .
Ａ▶

▶ドリル1
練習 ❷

Ｂ▶
☐ (4) I am interested in who he is .
Ａ▶

▶ドリル1
練習 ❸

Ｂ▶
☐ (5) I don't remember what he said .
Ａ▶

▶ドリル1
練習 ❹

47

ドリル ③ 1 2 **3** 4 文構造を分析し，日本語に訳しましょう。

❶［名詞のカタマリ］を見つけて，[　]を記しましょう。❷文全体の文の要素を **A▶** に（S・V・O・C・M）で表しましょう。❸カタマリ内部の文の要素を **B▶** に（Ⓢ・Ⓥ・Ⓞ・Ⓒ・Ⓜ）で表しましょう。❹ **日本語訳▶** の空所を埋めましょう。

B▶
☐ (1) You should ask your boss which should be done first .
A▶

日本語訳▶ あなたは, ＿＿＿＿＿＿＿＿＿＿＿＿＿＿＿＿＿＿＿＿＿＿ を，あなたの上司に尋ねるべきだ。

B▶
☐ (2) What seems easy at first sometimes turns out to be difficult .
A▶

日本語訳▶ ＿＿＿＿＿＿＿＿＿＿＿＿＿＿＿＿＿＿＿＿＿＿ が，難しいと分かることが時々ある。

✎ at first　最初は

B▶
☐ (3) The question is who will replace him as president of the company .
A▶

日本語訳▶ 問題は, ＿＿＿＿＿＿＿＿＿＿＿＿＿＿＿＿＿＿＿＿＿＿ である。

✎ replace O as ～　～としてOの代わりになる

B▶
☐ (4) You must not confess the truth to anyone regardless of who he is .
A▶

日本語訳▶ ＿＿＿＿＿＿＿＿＿＿＿＿＿＿＿＿ にかかわらず，誰にも真実を告白してはいけない。

✎ regardless of ～　～にかかわらず，～とは無関係に

B▶
☐ (5) What people worry about varies from person to person .
A▶

日本語訳▶ ＿＿＿＿＿＿＿＿＿＿＿＿＿＿＿＿＿＿＿＿＿＿ は，人によってさまざまだ。

✎ vary 動 さまざまだ, 異なる／from A to A　Aによって, Aごとに

解答

(1) You should ask your boss [which should be done 〈first〉] .
　　　S　　V　　O₁　　　　Ⓢ　　　Ⓥ　　　Ⓜ　　 O₂
あなたは，[どちら [どれ] が初めになされるべきか] を，あなたの上司に尋ねるべきだ。

(2) [What seems easy 〈at first〉] 〈sometimes〉 turns out to be difficult.
　　Ⓢ　　Ⓥ　Ⓒ　　Ⓜ　　　　M　　　　　V　　　　　C
[最初は簡単に思われる [見える] こと] が，難しいと分かることが時々ある。

(3) The question is [who will replace him 〈as president 〈of the company〉〉] .
　　　S　　　　V C　Ⓢ　　Ⓥ　　Ⓞ　　Ⓜ　　　　　Ⓜ
問題は，[誰がその会社の社長として彼の代わりになるか] である。

(4) You must not confess the truth 〈to anyone〉 〈regardless of [who he is]〉 .
　　S　　V　　　　　O　　M　　　M　　　前　　　　Ⓒ Ⓢ Ⓥ
　　　　　　　　　　　　　　　　　　　　　　前のO
[彼 [その人] が誰であるか] にかかわらず，誰にも真実を告白してはいけない。

(5) [What people worry about] varies 〈from person to person〉 .
　　前のⓄ Ⓢ　　Ⓥ　前　　　　V　　　　M
[人が心配していること [人が何を心配しているか]] は，人によってさまざまだ。

ドリル **4**
1 2 3

文構造を分析し，日本語に訳しましょう。

48

> ❶[名詞のカタマリ]を見つけて，[　]を記しましょう。❷文全体の文の要素を **A▶** に（S・V・O・C・M）で表しましょう。❸カタマリ内部の文の要素を **B▶** に（Ⓢ・Ⓥ・Ⓞ・Ⓒ・Ⓜ）で表しましょう。❹**日本語訳▶**に訳を記しましょう。

☐ **B▶**
(1) This article tells you which is more valuable to us , knowledge or experience .
A▶

日本語訳▶ _____

☐ **B▶**
(2) What he had believed true turned out to be false .
A▶

日本語訳▶ _____

☐ **B▶**
(3) The topic for discussion is who is suitable for the job .
A▶

日本語訳▶ _____

✎ suitable 形 適している

☐ **B▶**
(4) We need to determine what the problem is .
A▶

日本語訳▶ _____

✎ determine 動 ～を特定する, 明らかにする

☐ **B▶**
(5) What the president talked about at the meeting was difficult .
A▶

日本語訳▶ _____

解　答

(1) This article tells you [which is more valuable 〈to us〉, knowledge or experience] .
　　 S　　　 V　 O₁　　 O₂
　　 （Ⓢ which is Ⓥ more valuable Ⓒ ... Ⓜ）
　この記事はあなたに，[知識か経験のどちらが私たちにとってより価値があるか] を教えてくれる。

(2) [What he had believed true] turned out to be false.
　　 S　　　　　　　　　　　　　　　 V　　　　　　 C
　　（Ⓞ What Ⓢ he Ⓥ had believed Ⓒ true）
　[彼が本当だと信じていたこと] は，間違いだと分かった。

(3) The topic (for discussion) is [who is suitable 〈for the job〉] .
　　 S　　　　 M　　　　　　 V　 Ⓥ Ⓒ
　　　　　　　　　　　　　　　　 （Ⓢ who Ⓥ is Ⓒ suitable Ⓜ ...）
　議論のトピックは，[誰がその仕事に適しているか] である。

(4) We need to determine [what the problem is] .
　　 S　 V　　 O　　　　　 Ⓒ　 Ⓢ　　　 Ⓥ
　私たちは，[問題が何であるか] を特定する必要がある。

(5) [What the president talked about 〈at the meeting〉] was difficult.
　　 前のⓄ Ⓢ　　　　　 Ⓥ　 前　　　 Ⓜ
　　 S　　　　　　　　　　　　　　　　　　　　　　 V　 C
　[社長がその会議で話したこと] は，難しかった。

3 ››› 名詞節② 疑問副詞・関係副詞

! 文全体の視点

when / where / why / how（疑問副詞・先行詞を省略した関係副詞）は **[名詞節]** を作り，文中で **【S・O・C・前置詞のO】** になる。

! カタマリ内部の視点

when / where / why / how（疑問副詞・関係副詞）は，カタマリ内部で自分自身が副詞（Ⓜ）の役割を担う。

形	カタマリ内部での自分自身の役割
when SV ...　where SV ... why SV ...　how SV ...	when / where / why / how は カタマリ内部の動詞を修飾する副詞（Ⓜ）の役割
how ＋ 形・副 ＋ SV ...	how は直後の形・副を修飾する副詞（Ⓜ）の役割

! 訳出 ※訳出によって「疑問副詞」か「関係副詞（先行詞省略）」の2種類に分類できる。

	疑問副詞	関係副詞（先行詞省略）
when SV ...	いつ…か	…時
where SV ...	どこで…か	…場所
why SV ...	なぜ…か	…理由
how SV ...	どのように…か	…方法
how＋形・副 SV ...	どれほど…か	×

ドリル 1 2 3 4　文構造を意識して，例文にならって，練習❶〜❹の灰色の部分をなぞりましょう。

 49

例文

カタマリ内部の視点 whereは, will be heldを修飾する副詞（Ⓜ）の役割。

(1) We have to tell him [〈 where 〉 the interview will be held].
　　S　　V　　　O₁　　　　Ⓜ　　　　S　　　　　　V
　　　　　　　　　　　O₂

🖉 interview 名 面接

文全体の視点 where節[where the interview will be held]が, 目的語（O）の役割を担う名詞節。

私たちは，彼に［どこで面接が開催されるか［面接が開催される場所］］を伝えなければならない。

□ 練習 ❶

カタマリ内部の視点 whenは, will startを修飾する副詞（Ⓜ）の役割。

(2) [〈 When 〉 we will start the meeting] has not been decided 〈 yet 〉.
　　　　Ⓜ　　　S　　V　　　　O　　　　　　　　V　　　　　　　Ⓜ

文全体の視点 when節[When we will start the meeting]が, 主語（S）の役割を担う名詞節。

［いつ私たちが会議を始めるか［私たちが会議を始める時］］は，まだ決められていない。

□ 練習 2

カタマリ内部の視点 whyは, would quitを修飾する副詞 (Ⓜ) の役割。

(3) He didn't say anything (about [〈 why 〉 he would quit his job]).
　　S　　　V　　　　O　　　　　　　Ⓜ　　　Ⓢ　　Ⓥ　　　Ⓞ
　　　　　　　　　　　　　　前　　前のO

✎ quit 動
～をやめる

文全体の視点 why節 [why he would quit his job]が, aboutの目的語 (前置詞のO) の役割を担う名詞節。

彼は, [なぜ彼が仕事を辞めるつもりなのか [彼が仕事を辞めるつもりである理由]] について, 何も言わなかった。

□ 練習 3

カタマリ内部の視点 howは, was developedを修飾する副詞 (Ⓜ) の役割。

(4) I want to know [〈 how 〉 this effective strategy was developed].
　　S　　　V　　　　　Ⓜ　　　　　　Ⓢ　　　　　　　Ⓥ
　　　　　　　　O

✎ develop 動
～を開発する

文全体の視点 how節 [how this effective strategy was developed]が, 目的語 (Ⓞ) の役割を担う名詞節。

私は, [どのようにこの有効な戦略が開発されたのか [この有効な戦略が開発された方法]] を知りたい。

□ 練習 4

カタマリ内部の視点 howは, effectiveを修飾する副詞 (Ⓜ) の役割。effectiveは, isの補語 (Ⓒ) の役割。

(5) I want to know [〈 how 〉 effective this strategy is].
　　S　　　V　　　　　Ⓜ　　　Ⓒ　　　Ⓢ　　　Ⓥ
　　　　　　　　O

文全体の視点 how節 [how effective this strategy is]が, 目的語 (Ⓞ) の役割を担う名詞節。

私は, [この戦略がどれほど有効か] を知りたい。

ドリル 1 2 3 4

文構造を分析しましょう。

🔊 49

> ❶[名詞のカタマリ]を見つけて, [ ]を記しましょう。❷文全体の文の要素をⒶ▶に (S・V・O・C・M)で表しましょう。❸カタマリ内部の文の要素をⒷ▶に (Ⓢ・Ⓥ・Ⓞ・Ⓒ・Ⓜ) で表しましょう。

解答

Ⓑ▶
□ (1) We have to tell him where the interview will be held .
Ⓐ▶

▶ドリル1
例文

Ⓑ▶
□ (2) When we will start the meeting has not been decided yet .
Ⓐ▶

▶ドリル1
練習 ❶

Ⓑ▶
□ (3) He didn't say anything about why he would quit his job .
Ⓐ▶

▶ドリル1
練習 ❷

Ⓑ▶
□ (4) I want to know how this effective strategy was developed .
Ⓐ▶

▶ドリル1
練習 ❸

Ⓑ▶
□ (5) I want to know how effective this strategy is .
Ⓐ▶

▶ドリル1
練習 ❹

ドリル 3 文構造を分析し，日本語に訳しましょう。

❶[名詞のカタマリ]を見つけて，[ ]を記しましょう。❷文全体の文の要素を **A▶** に（S・V・O・C・M）で表しましょう。❸カタマリ内部の文の要素を **B▶** に（Ⓢ・Ⓥ・Ⓞ・Ⓒ・Ⓜ）で表しましょう。❹ 日本語訳▶ の空所を埋めましょう。

B▶
☐ (1) How difficult you find this task depends on your knowledge and skills .
A▶

日本語訳▶＿＿＿＿＿＿＿＿＿＿＿＿＿＿＿＿＿＿＿＿＿＿＿＿ は，あなたの知識と技能次第だ。

🔖 task 名 課題／depend on ～ 　～次第だ

B▶
☐ (2) I am curious about how he became an extraordinary dancer .
A▶

日本語訳▶私は，＿＿＿＿＿＿＿＿＿＿＿＿＿＿＿＿＿＿＿＿＿＿ について，興味がある。

🔖 curious (about ～) 形 （～について）興味がある／extraordinary 形 並外れた

B▶
☐ (3) This map indicates where the treasure is buried .
A▶

日本語訳▶この地図は，＿＿＿＿＿＿＿＿＿＿＿＿＿＿＿＿＿＿＿＿ を示している。

🔖 indicate 動 ～を示す／treasure 名 宝／bury 動 ～を埋める

B▶
☐ (4) I asked my boss how this issue should be dealt with .
A▶

日本語訳▶私は，上司に＿＿＿＿＿＿＿＿＿＿＿＿＿＿＿＿＿＿＿＿ を尋ねた。

🔖 deal with ～ 　～に対処する

B▶
☐ (5) This is why I trust his judgment .
A▶

日本語訳▶これが，＿＿＿＿＿＿＿＿＿＿＿＿＿＿＿＿＿＿＿＿＿＿ だ。

🔖 trust 動 ～を信用する／judgment 名 判断

解 答

(1) [⟨How⟩ difficult you find this task] depends ⟨on your knowledge and skills⟩ .
　　S　　　　　　　　　　　　　　　　V　　　　M
　[あなたがこの課題をどれほど難しいと思うか]は，あなたの知識と技能次第だ。

(2) I am curious ⟨about [⟨how⟩ he became an extraordinary dancer]⟩ .
　　S V　C　　M 前　　前のO
　私は，[どのようにして彼が並外れたダンサーになったのか[彼が並外れたダンサーになった方法]]について，興味がある。

(3) This map indicates [⟨where⟩ the treasure is buried] .
　　S　　V　　　　　O
　この地図は，[その宝がどこに埋められているか[その宝が埋められている場所]]を示している。

(4) I asked my boss [⟨how⟩ this issue should be dealt with] .
　　S V　O₁　　O₂
　私は，上司に[どのようにこの問題が対処されるべきか[この問題が対処されるべき方法]]を尋ねた。

(5) This is [⟨why⟩ I trust his judgment] .
　　S V　C
　これが，[私が彼の判断を信用している理由]だ。 ── This is whyを副詞的に捉え，「こういうわけで」と訳すこともある。

ドリル 1 2 3 4 文構造を分析し，日本語に訳しましょう。

51

> ❶[名詞のカタマリ]を見つけて，[ ]を記しましょう。❷文全体の文の要素を
> Ａ▶に，(S・V・O・C・M)で表しましょう。❸カタマリ内部の文の要素をＢ▶に
> (Ⓢ・Ⓥ・Ⓞ・Ⓒ・Ⓜ)で表しましょう。❹日本語訳▶に訳を記しましょう。

Chapter **3**

☐ (1) Ｂ▶ How satisfied people feel about their jobs will influence their job performance .
Ａ▶

日本語訳▶ _____

🖉 satisfied 形 満足して／influence 動 ～に影響する／performance 名 成績, 業績

☐ (2) Ｂ▶ This article shows you how nurses should communicate with elderly patients .
Ａ▶

日本語訳▶ _____

🖉 communicate (with ～) 動 (～と)コミュニケーションをとる／patient 名 患者

☐ (3) Ｂ▶ Why the company hid the fact has been revealed by a young journalist .
Ａ▶

日本語訳▶ _____

🖉 hide 動 ～を隠す／reveal 動 ～を明らかにする

☐ (4) Ｂ▶ We can't predict accurately when an earthquake will occur .
Ａ▶

日本語訳▶ _____

☐ (5) Ｂ▶ This is how the company managed to survive the crisis .
Ａ▶

日本語訳▶ _____

🖉 survive 動 ～を生き延びる

解 答

(1) [⟨How⟩ satisfied people feel ⟨about their jobs⟩] will influence their job performance.
　　S   V   O
[人々が自分の仕事についてどれほど満足していると感じるか]は, 彼らの仕事の成績に影響するだろう。

(2) This article shows you [⟨how⟩ nurses should communicate ⟨with elderly patients⟩] .
　　S   V   O₁ O₂
この記事は, あなたに[どのように看護師が高齢の患者とコミュニケーションをとるべきか[看護師が高齢の
患者とコミュニケーションをとるべき方法]]を教えてくれる。

(3) [⟨Why⟩ the company hid the fact] has been revealed ⟨by a young journalist⟩ .
　　S   V   M
[なぜその会社がその事実を隠したか[その会社がその事実を隠した理由]]が, ある若いジャーナリストに
よって明らかにされた。

(4) We can't predict ⟨accurately⟩ [⟨when⟩ an earthquake will occur] .
　　S   V   M   O
私たちは, [いつ地震が起こるか[地震が起こる時]]を正確に予測することはできない。

(5) This is [⟨how⟩ the company managed to survive the crisis] .
　　S   V C
これが, [その会社がその危機をなんとか生き延びた方法]だ。

> This is howを副詞的に捉え,
> 「このようにして」と訳すこともある。

4 >>> 名詞節③ 接続詞

ポイント

① 文全体の視点

that / whether / if（接続詞）は［名詞節］を作り，文中で【S・O・C・前置詞の O】になる。

※ifが名詞節を作れるのは，原則「動詞のOに置かれる名詞節」の場合のみ。

① カタマリ内部の視点

① that / whether / if（接続詞）は，カタマリ内部で自分自身に役割なし（Ⓢ ・Ⓞ・Ⓒ・Ⓜの役割を担えない）。すなわち，カタマリ内部で，接続詞以外の 語句で文が完成する。

② カタマリ内部に"**or not**"が含まれる場合がある。
《先頭》[whether <u>or not</u> SV …]   《末尾》[whether SV … <u>or not</u>]
                    [if SV … <u>or not</u>]

③ カタマリ内部に"**A or B**"の形を含む場合もある。

① 訳出

that SV …	…（という）こと
whether SV …	①…かどうか　②（*A or B* の形を含んで）A か B か
if SV …	…かどうか

ドリル 1 234　文構造を意識して，例文にならって，練習❶〜❹の灰色の部分を なぞりましょう。 52

例文

カタマリ内部の視点｜接続詞whetherに役割はなく，whether or not以外で文が完成している。

(1) [Whether or not he will arrive 〈 by five 〉] is uncertain.
　　 S　　　　　　　　Ⓢ　　　Ⓥ　　　　　　Ⓜ　　　　V　　C

📎 uncertain 形 不透明の, 未定の

文全体の視点｜whether節[Whether or not he will arrive by five]が，主語 (S) の役割を担う名詞節。

[彼が 5 時までに到着するかどうか] は，不透明だ。

練習❶

カタマリ内部の視点｜接続詞whetherに役割はなく，whether以外で文が完成している。末尾にor notが含まれる形。

(2) I am curious 〈 about [whether he can win the first prize or not] 〉.
　　 S V　　C　　　M　前　　前のO　 Ⓢ　　Ⓥ　　　　　Ⓞ

文全体の視点｜whether節[whether he can win the first prize or not]が，aboutの目的語 (前置詞のO) の役割を担う名詞節。

私は，[彼が一等賞を勝ち取れるかどうか] について，興味がある。

練習
2

カタマリ内部の視点 | 接続詞whetherに役割はなく，whether以外で文が完成している。
a male or a femaleが "*A* or *B*" の形。

(3) I don't know [whether the bird is a male or a female].
　　S　　V　　　O　　　　　　　　S　　　V　　　　　C

文全体の視点 | whether節 [whether the bird is a male or a female] が，目的語 (O) の役割を担う名詞節。

私は，［その鳥がオスであるかメスであるか］を知らない。

練習
3

カタマリ内部の視点 | 接続詞ifに役割はなく，if以外で文が完成している。

(4) I don't know [if she likes baseball].
　　S　　V　　　O　　　S　　V　　　O

文全体の視点 | if節 [if she likes baseball] が，目的語 (O) の役割を担う名詞節。

私は，［彼女が野球が好きかどうか］を知らない。

練習
4

カタマリ内部の視点 | 接続詞thatに役割はなく，that以外で文が完成している。

(5) The problem is [that my car is not available 〈 now 〉].
　　　　S　　　V　C　　　S　　　　V　　　　C　　　　M

🔗 available 形
利用できる

文全体の視点 | that節 [that my car is not available now] が，補語 (C) の役割を担う名詞節。

問題は，［今，私の車は利用できないということ］だ。

ドリル
1 **2** 3 4

文構造を分析しましょう。

🔊
52

❶［名詞のカタマリ］を見つけて，[　]を記しましょう。❷文全体の文の要素を
A▶に (S・V・O・C・M) で表しましょう。❸カタマリ内部の文の要素をB▶に (S
・V・O・C・M) で表しましょう。

解答

B▶
☐ (1) Whether or not he will arrive by five is uncertain .
A▶

▶ドリル1
例文

B▶
☐ (2) I am curious about whether he can win the first prize or not .
A▶

▶ドリル1
練習❶

B▶
☐ (3) I don't know whether the bird is a male or a female .
A▶

▶ドリル1
練習❷

B▶
☐ (4) I don't know if she likes baseball .
A▶

▶ドリル1
練習❸

B▶
☐ (5) The problem is that my car is not available now .
A▶

▶ドリル1
練習❹

53

ドリル 3 (1 2 3 4)

文構造を分析し，日本語に訳しましょう。

❶［名詞のカタマリ］を見つけて，［　］を記しましょう。❷文全体の文の要素を **A▶** に（S・V・O・C・M）で表しましょう。❸カタマリ内部の文の要素を **B▶** に（Ⓢ・Ⓥ・Ⓞ・Ⓒ・Ⓜ）で表しましょう。❹日本語訳▶の空所を埋めましょう。

□ **B▶** (1) Whether you can succeed in business or not depends on your efforts .
A▶

日本語訳▶_____ は，あなたの努力次第だ。

✎ succeed (in ～) 動 （～に）成功する／effort 名 努力

□ **B▶** (2) The issue is that a rival company is likely to expand into China .
A▶

日本語訳▶問題は，_____ だ。

✎ rival 形 ライバルの，競合の／expand (into ～) 動 （～に）進出する，拡大する

□ **B▶** (3) Students can judge whether or not their clothes are appropriate .
A▶

日本語訳▶生徒たちは，_____ を判断することができる。

✎ judge 動 ～を判断する／appropriate 形 適切な

□ **B▶** (4) We can't decide if we should continue this project .
A▶

日本語訳▶私たちは，_____ を決めることができない。

□ **B▶** (5) Everything depends on whether or not our leader agrees .
A▶

日本語訳▶すべては，_____ 次第だ。

解 答

(1) [Whether you can succeed ⟨in business⟩ or not] depends ⟨on your efforts⟩ .
　　S（Ⓢ　Ⓥ　Ⓜ）　　　　　　　　　V　　　　M
　　[あなたがビジネスで成功できるかどうか] は，あなたの努力次第だ。

(2) The issue is [that a rival company is likely to expand ⟨into China⟩] .
　　S　　　V　C　（Ⓢ　　　　　Ⓥ　　　　　Ⓜ）
　　問題は，[ライバル企業が中国に進出しそうだということ] だ。

(3) Students can judge [whether or not their clothes are appropriate] .
　　S　　　V　　　O（Ⓢ　　　　　　Ⓥ　Ⓒ）
　　生徒たちは，[自分たちの服装が適切かどうか] を判断することができる。

(4) We can't decide [if we should continue this project] .
　　S　　V　　　O（Ⓢ　　Ⓥ　　　Ⓞ）
　　私たちは，[私たちがこのプロジェクトを続けるべきかどうか] を決めることができない。

(5) Everything depends ⟨on [whether or not our leader agrees]⟩ .
　　S　　　　V　　　M前　前のO（Ⓢ　　　Ⓥ）
　　すべては，[私たちのリーダーが賛同するかどうか] 次第だ。

ドリル 1 2 3 ④ 文構造を分析し，日本語に訳しましょう。

54

❶［名詞のカタマリ］を見つけて，［　］を記しましょう。❷文全体の文の要素を
A▶に（S・V・O・C・M）で表しましょう。❸カタマリ内部の文の要素を**B▶**に（Ⓢ
・Ⓥ・Ⓞ・Ⓒ・Ⓜ）で表しましょう。❹ **日本語訳▶**に訳を記しましょう。

Chapter **3**

☐ (1) **B▶** That he made such a huge mistake made his boss irritated .
A▶

日本語訳▶ _____

🖉 huge 形 とても大きな／irritated 形 イライラした，腹の立った

☐ (2) **B▶** My concern is that young people spend too much time on social media .
A▶

日本語訳▶ _____

🖉 concern 名 懸念／spend O on〜　Oを〜に費やす

☐ (3) **B▶** The study examined whether people have thought about their future careers .
A▶

日本語訳▶ _____

🖉 study 名 研究／examine 動 〜を調べる

☐ (4) **B▶** I want to know if the report is true or not .
A▶

日本語訳▶ _____

🖉 report 名 報告書

☐ (5) **B▶** We will talk about whether or not we need to postpone the event .
A▶

日本語訳▶ _____

🖉 postpone 動 〜を延期する

解 答

(1) ［That he made such a huge mistake］ made his boss irritated.
　　Ⓢ　Ⓥ　　　Ⓞ
　S　　　　　　　　　　　　　　　　　V　　O　　C
　［彼がそのようなとても大きな過ちを犯したこと］は，彼の上司をイライラさせた。

(2) My concern is ［that young people spend too much time 〈on social media〉］ .
　S　　　　V　C　　　　Ⓢ　　　Ⓥ　　Ⓞ　　　　　　Ⓜ
　私の懸念は，［若者がソーシャルメディアに多くの時間を費やしすぎているということ］だ。

(3) The study examined ［whether people have thought 〈about their future careers〉］ .
　S　　　　V　　　　　　　　Ⓢ　　　Ⓥ　　　　　　Ⓜ
　　　　　　O
　その研究は，［人々が自分の将来のキャリアについて考えたことがあるかどうか］を調べた。

(4) I want to know ［if the report is true or not］ .
　S　　V　　　　　　　Ⓢ　　　Ⓥ Ⓒ
　　　　O
　私は，［その報告書が本当であるかどうか］を知りたい。

(5) We will talk 〈about ［whether or not we need to postpone the event］〉 .
　S　　V　　　M 前　前のO　　　Ⓢ　　　Ⓥ　　　　　Ⓞ
　私たちは，［私たちがそのイベントを延期する必要があるかどうか］について話すつもりだ。

5 >>> 形式のit

① 「形式のit」は，前出の名詞ではなく，後ろの [名詞句] や [名詞節] を指す。

[名詞句]	不定詞句 / 動名詞句
[名詞節]	that節 / whether節 / 疑問詞節

② 「形式のit」は，Sにあれば「**形式主語**」，Oにあれば「**形式目的語**」と呼ぶ。

③ 「形式のit」を使う理由は，主に以下2つのいずれか（深く考える必要はない）。
   (1) [名詞句/節] の部分が，S・Oに置くには長すぎるので，後ろに回したいから。
   (2) [名詞句/節] の部分が，「強く伝えたい部分（主張・新情報）」だから。
   ※英語では「強く伝えたい部分（主張・新情報）」を後ろに置く傾向がある。

ドリル 1 2 3 4   文構造を意識して，例文にならって，練習❶〜❹の灰色の部分をなぞりましょう。

 55

例文

カタマリ内部の視点 for 〜は不定詞の「意味上の主語」を示す。（➡p.116）

(1) It is difficult [for Japanese people to speak English 〈 fluently 〉].
   S V C   (S)   (V)   (O)   (M)

✎ fluently 副
流暢に

文全体の視点 形式主語itが，名詞句 [for Japanese people to speak English fluently] を指している。

[日本人が英語を流暢に話すこと] は，難しい。

□ 練習 ❶

カタマリ内部の視点 接続詞thatに役割はなく，that以外で文が完成している。

(2) It seems true [that there is a conflict 〈 between the two countries 〉].
   S V C   (V) (S)   (M)

文全体の視点 形式主語itが，名詞節 [that there is a conflict between the two countries] を指している。

[その2国間で対立があること] は，本当であるようだ。

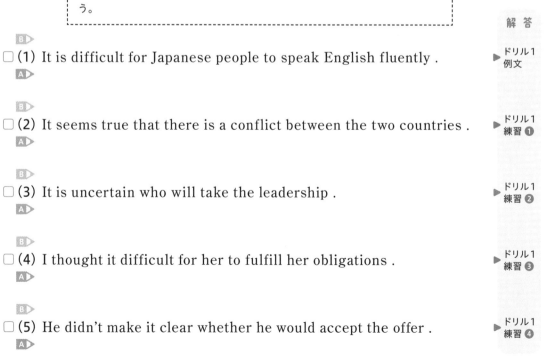

練習 2

カタマリ内部の視点　whoは, 自分自身がwill takeの主語 (Ⓢ) の役割。

(3) It is uncertain [who will take the leadership].
　　S　V　C　　　　　Ⓢ　Ⓥ　　　　Ⓞ

文全体の視点　形式主語itが, 名詞節[who will take the leadership]を指している。

[誰がリーダーシップをとるのか] は, 不透明だ。

練習 3

カタマリ内部の視点　for 〜は不定詞の「意味上の主語」を示す。(➡p.116)

(4) I thought it difficult [for her to fulfill her obligations].
　　S　V　　O　　C　　　　　　　　Ⓢ　　Ⓥ　　　Ⓞ

✎ fulfill 動
　〜を果たす

文全体の視点　形式目的語itが, 名詞句[for her to fulfill her obligations]を指している。

私は, [彼女が彼女の義務を果たすこと] は難しいと思った。

練習 4

カタマリ内部の視点　接続詞whetherに役割はなく, whether以外で文が完成している。

(5) He didn't make it clear [whether he would accept the offer].
　　S　　　V　　O　C　　　　　　　　　Ⓢ　　Ⓥ　　　Ⓞ

文全体の視点　形式目的語itが, 名詞節[whether he would accept the offer]を指している。

彼は, [彼がその申し出を受け入れるかどうか] を明らかにしなかった。

ドリル 2 (1 3 4)

文構造を分析しましょう。

🔊 55

❶形式のitを四角で囲み, それが指す[名詞のカタマリ]を見つけて[ ]を記し, it から矢印を向けましょう。❷文全体の文の要素をⒶ▶に (S・V・O・C・M)で表しましょう。❸カタマリ内部の文の要素をⒷ▶に (Ⓢ・Ⓥ・Ⓞ・Ⓒ・Ⓜ) で表しましょう。

解答

Ⓑ▶
□ (1) It is difficult for Japanese people to speak English fluently .
Ⓐ▶

▶ ドリル1
例文

Ⓑ▶
□ (2) It seems true that there is a conflict between the two countries .
Ⓐ▶

▶ ドリル1
練習❶

Ⓑ▶
□ (3) It is uncertain who will take the leadership .
Ⓐ▶

▶ ドリル1
練習❷

Ⓑ▶
□ (4) I thought it difficult for her to fulfill her obligations .
Ⓐ▶

▶ ドリル1
練習❸

Ⓑ▶
□ (5) He didn't make it clear whether he would accept the offer .
Ⓐ▶

▶ ドリル1
練習❹

Chapter 3

ドリル 3 文構造を分析し，日本語に訳しましょう。

❶形式のitを四角で囲み，それが指す[名詞のカタマリ]を見つけて[　]を記し，itから矢印を向けましょう。❷文全体の文の要素を A に（S・V・O・C・M）で表しましょう。❸カタマリ内部の文の要素を B に（Ⓢ・Ⓥ・Ⓞ・Ⓒ・Ⓜ）で表しましょう。❹日本語訳 の空所を埋めましょう。

B

☐ (1) It is doubtful whether this advertisement will attract people's attention .
A

日本語訳 ＿＿＿＿＿＿＿＿＿＿＿＿＿＿＿＿＿＿＿＿＿＿＿＿＿＿＿＿＿＿は，疑わしい。

✎ doubtful 形 疑わしい／advertisement 名 広告／attention 名 注目

B

☐ (2) It is essential for you to increase your vocabulary .
A

日本語訳 ＿＿＿＿＿＿＿＿＿＿＿＿＿＿＿＿＿＿＿＿＿＿＿＿＿＿＿は，必要不可欠だ。

✎ essential 形 必要不可欠な

B

☐ (3) I find it a sad fact that more and more people are moving abroad .
A

日本語訳 私は，＿＿＿＿＿＿＿＿＿＿＿＿＿＿＿＿＿＿＿＿＿＿＿＿＿は，悲しい事実だと思う。

✎ abroad 副 海外へ

B

☐ (4) Some people find it difficult to adapt themselves to foreign cultures .
A

日本語訳 一部の人は，＿＿＿＿＿＿＿＿＿＿＿＿＿＿＿＿＿＿＿＿＿＿は難しいと思う。

B

☐ (5) He left it unclear what we should study to pass the exam .
A

日本語訳 彼は，＿＿＿＿＿＿＿＿＿＿＿＿＿＿＿＿＿＿＿＿＿＿＿を不透明なままにした。

✎ unclear 形 不透明な, 明らかではない

解 答

(1) It is doubtful [whether this advertisement will attract people's attention] .
　　S　V　C　　　　　　　　　Ⓢ　　　　　　　　Ⓥ　　　Ⓞ

　　[この広告が人々の注意を引くかどうか] は，疑わしい。

(2) It is essential [for you to increase your vocabulary] .
　　S　V　C　　　　　Ⓢ　　　Ⓥ　　　Ⓞ

　　[あなたが語彙を増やすこと] は，必要不可欠だ。

(3) I find it a sad fact [that more and more people are moving 〈abroad〉] .
　　S　V　O　C　　　　　　　　Ⓢ　　　　　　Ⓥ　　　Ⓜ

　　私は，[ますます多くの人が外国に移住しているということ] は，悲しい事実だと思う。

(4) Some people find it difficult [to adapt themselves 〈to foreign cultures〉] .
　　　　　　S　　V　O　C　　　Ⓥ　　Ⓞ　　　　　Ⓜ

　　一部の人は，[自分自身を外国の文化に適応させること] は難しいと思う。

(5) He left it unclear [what we should study 〈to pass the exam〉] .
　　S　V　O　C　　　Ⓞ　Ⓢ　　Ⓥ　　　Ⓜ

　　彼は，[その試験に合格するために私たちが何を勉強すべきか] を不透明なままにした。

ドリル 1 2 3 4

文構造を分析し，日本語に訳しましょう。

57

❶形式のitを四角で囲み，それが指す[名詞のカタマリ]を見つけて[　]を記し，itから矢印を向けましょう。❷文全体の文の要素を A▶ に（S・V・O・C・M）で表し〔…〕文の要素を B▶ に（⑤・Ⓥ・Ⓞ・Ⓒ・Ⓜ）で表しましょ〔…〕。

…ompany succeeded in developing a new medicine .

✎ unknown 形 知られていない

…roblem in a peaceful manner .

✎ tough 形 難しい，困難な／in a ～ manner　～な方法で

…Japanese are a diligent people .

✎ diligent 形 勤勉な／people 名 国民，民族

…audience to focus on the lecture .

✎ noise 名 騒音／focus (on ～) 動 （～に）集中する

…ad caused the terrible incident .

✎ cause 動 ～を引き起こす／terrible 形 ひどい／incident 名 事件，出来事

解

(1) It remains unknown [that the company succeeded 〈in developing a new medicine〉] .
S V C （⑤ Ⓥ Ⓜ）
[その会社が新しい薬を開発するのに成功したこと]は，知られていないままだ。

(2) It seems tough [to settle this problem 〈in a peaceful manner〉] .
S V C （Ⓥ Ⓞ Ⓜ）
[平和的な方法でこの問題を解決すること]は，難しいように思える。

(3) We 〈often〉 hear it said [that the Japanese are a diligent people] .
S M V O C （⑤ Ⓥ Ⓒ）
私たちは，[日本人は勤勉な国民だということ]が言われるのをよく聞く。

(4) The noise made it hard [for the audience to focus 〈on the lecture〉] .
S V O C （⑤ Ⓥ Ⓜ）
その騒音は，[聴衆が講義に集中すること]を難しくした。

(5) He didn't make it clear [what had caused the terrible incident] .
S V O C （⑤ Ⓥ Ⓞ）
彼は，[何がそのひどい事件を引き起こしたのか]を明らかにしなかった。

「形容詞・副詞のカタマリ」を始める前に

　Chapter 4 では，「形容詞のカタマリ」と「副詞のカタマリ」を整理します。形容詞も副詞もMの一種で，取り除いても文が成立する「飾り」の要素です。名詞を修飾するなら（形容詞のカタマリ），名詞以外を修飾するなら〈副詞のカタマリ〉と判断します。

● カタマリ（句・節）の品詞判定

カタマリ（句・節）全体が，
- S・O・C（文の主要素＝取り除くと文が破綻）ーーーーーー→［名詞のカタマリ］
- M（修飾要素＝取り除いても文が成立）
  - 名詞を修飾している　➡（形容詞のカタマリ）
  - 名詞以外を修飾している➡〈副詞のカタマリ〉

1 関係代名詞／前置詞＋関係代名詞／関係副詞　　[学習ページ] ▶ p.94 , p.98

【例】以下の例を見ながら，後続の解説を読んでください。

① 元の2文	This is the house.　She lives in the house . 前置詞＋名詞
② 関係代名詞	This is the house（ which she lives in）. 関係代名詞　　　　前置詞
③ 前置詞＋関係代名詞	This is the house（ in which she lives）. 前置詞＋関係代名詞
④ 関係副詞	This is the house（ where she lives）. 関係副詞

① ➡ ②

　関係代名詞は「代名詞」の一種です。よって，元々「名詞」だったものが「関係代名詞」に生まれ変わります（例では，the houseがwhichに生まれ変わり，inだけを残して前に移動している）。

※所有格の関係代名詞whoseは，元々「所有格」だったもの（his / theirなど）の生まれ変わりです（p.95参照）。

② ➡ ③

　また，元々「前置詞＋名詞」だった場合，前置詞ごと引き連れて「前置詞＋関係代名詞」の形にすることもできます（例では，in the houseがin whichに生まれ変わり，前に移動している）。

③ ➡ ④

さらに，「前置詞＋関係代名詞」は「関係副詞」に生まれ変わることができます（例では，**in which**が**where**に生まれ変わっている）。これは，**そもそも「前置詞＋名詞」が「副詞」になり得ることを考えると，ごく自然なことです。**

形は変わりますが，②・③・④ともに「これは彼女が住んでいる家だ」という意味です。

2 〈形容詞のカタマリ〉を作る語句

学習ページ ▶ p.90 , p.94 , p.98

		例文
形容詞句	不定詞 (**to do**)	Do you have something（**to drink**）? 　S　 V　　　O　　　　　　M あなたは，何か飲む物を持っていますか。
	現在分詞 (**doing**)	Do you know the boy（**running** in the park）? 　S　 V　　　O　　　　 M あなたは，公園で走っているその少年を知っていますか。
	過去分詞 (**done**)	This is the door（**broken** by him）. 　S　V　　C　　　　 M これは，彼によって壊されたドアだ。
形容詞節	関係代名詞 (**which / who(m) /** **that / whose**)	This is the watch（**which** I bought in Italy）. 　S　V　　C　　　　　　 M これは，私がイタリアで買った腕時計だ。
	前置詞＋関係代名詞 (前置詞＋ **which / whom**)	This is the city（**in which** he lives）. 　S　V　　C　　　　 M ここは，彼が住んでいる都市だ。
	関係副詞 (**when / where / why**)	This is the city（**where** he lives）. 　S　V　　C　　　 M ここは，彼が住んでいる都市だ。

3 〈副詞のカタマリ〉を作る語句

学習ページ ▶ p.102 , p.106 , p.110

		例文
副詞句	不定詞 (**to do**)	He studies〈hard〉〈**to pass** the exam〉. 　S　　 V　　 M　　　　 M 彼は，その試験に合格するために一生懸命勉強している。
	現在分詞（分詞構文） (**doing**)	〈**Walking** along the street〉, she saw a little dog. 　　　　 M　　　　　　　　　 S　 V　　 O その道沿いを歩いている時，彼女は小さなイヌを見つけた。
	過去分詞（分詞構文） (**done**)	〈**Written** by a famous novelist〉, this book will be popular. 　　 M　　　　　　　　　　　　　 S　　 V　　 C 有名な小説家によって書かれたので，この本は人気になるだろう。
副詞節	接続詞 (**if / whether / unless** など)	〈**If** it rains tomorrow〉, she will not visit your house. 　 M　　　　　　　　 S　　 V　　　 O もし明日雨が降れば，彼女はあなたの家を訪れないだろう。

1 >>> 形容詞句 不定詞・分詞

ポイント

> **! 文全体の視点**
>
> **to** *do*（不定詞）/ *doing*（現在分詞）/ *done*（過去分詞）は（形容詞句）を作り，名詞 を修飾するMになる。
>
> **! 修飾する名詞との関係性**
>
> ・**to** *do*　①主　格：《 Ⓢ **to** Ⓥ 》の関係
>
> 　（不定詞）　②目的格：(1)《 Ⓞ **to** Ⓥ 》の関係（動詞の目的格）
>
> 　　　　　　　　　　　(2)《 前置詞のⓄ **to** Ⓥ ＋ 前置詞 》の関係（前置詞の目的格）
>
> ・分詞　　①*doing*（現在分詞）：「修飾される名詞が…する，している」の関係
> 　　　　　　　　　　　　　　　　　　　　Ⓢ　　　　　　　　Ⓥ
>
> 　　　　　②*done*（過去分詞） :　「修飾される名詞が…され（てい）る，された」の関係
> 　　　　　　　　　　　　　　　　　　　Ⓢ　　　　　　　Ⓥ受
> 　　　　　　　　　　　　　　　　Ⓞが1つ減った形が続く（受動態から生まれた形だから）
>
> **! 訳出**
>
> ・**to** *do*（不定詞）　：名詞にかけて「…する（ための）/ …すべき / …できる 名詞 」
> ・*doing*（現在分詞）：名詞にかけて「…している/…する 名詞 」
> ・*done*（過去分詞）：名詞にかけて「…された 名詞 」

ドリル 1 2 3 4　文構造を意識して，例文にならって，練習❶〜❹の灰色の部分を
なぞりましょう。

 58

例文

> **修飾する名詞との関係性** 主格（Ⓢ to Ⓥ）の関係。
> 《元の形》the first person landed 〈on the moon〉 ➡《不定詞》the first person (to land 〈on the moon〉)
> 　　　　　　　Ⓢ　　　　Ⓥ　　　　Ⓜ　　　　　　　　　　　　　Ⓢ　　　　Ⓥ　　　Ⓜ

(1) He is the first person (to land 〈 on the moon 〉).
　　S　V　　　C　　　　　M

🖉 land 動
着陸する

> **文全体の視点** 不定詞句(to land on the moon)が，名詞personを修飾する形容詞句(M)。

彼は，月に着陸した最初の人間だ。

練習 ❶

> **修飾する名詞との関係性** 目的格（Ⓞ to Ⓥ）の関係。
> 《元の形》submit an assignment 〈by tomorrow〉 ➡《不定詞》an assignment (to submit 〈by tomorrow〉)
> 　　　　　Ⓥ　　　Ⓞ　　　　Ⓜ　　　　　　　　　　　Ⓞ　　　　Ⓥ　　　Ⓜ

(2) He has an assignment（ to submit 〈 by tomorrow 〉).
　　S　V　　O　　　　　M

🖉 submit 動
〜を提出する

> **文全体の視点** 不定詞句(to submit by tomorrow)が，名詞assignmentを修飾する形容詞句(M)。

彼には，明日までに提出すべき課題がある。

練習 2

修飾する名詞との関係性　前置詞の目的格(前置詞の⊙ to ⓥ＋前置詞)の関係。

《元の形》 live 〈in a house〉 ➡ 《不定詞》 a house (to live in)
　　　　　　 ⓥ　前 前の⊙　　　　　　　前の⊙　 ⓥ＋前

　　　　　　　前の⊙　　 ⓥ＋前
(3) He couldn't find a house (to live in) .
　　 S　　　 V　　　 O　　　　　 M

文全体の視点　不定詞句(to live in)が，名詞houseを修飾する形容詞句(M)。

彼は，住む（ための）家を，見つけることができなかった。

練習 3

修飾する名詞との関係性

《元の形》 people are speaking a foreign language ➡ 《分詞》 people (speaking a foreign language)
　　　　　 ⓢ　　 ⓥ　　　　　　 ⊙

　　　　　　　　　　　　　　ⓢ　　　　　 ⓥ　　　　　　　⊙
(4) He can communicate 〈 with people (speaking a foreign language)〉.
　　 S　　 V　　　　　　 M　　　　　 M

文全体の視点　現在分詞句(speaking a foreign language)が，名詞peopleを修飾する形容詞句(M)。

彼は，外国語を話す人々とコミュニケーションができる。

練習 4

修飾する名詞との関係性

　　　　　　　　　　　　　　　　　　　 受動態なのでOが1つ減る
《元の形》 The language is spoken 〈in this region〉 ➡ 《分詞》 The language (spoken 〈in this region〉)
　　　　　　 ⓢ　　 ⓥ受　　　 M

　　　　　 ⓢ　　　　　 ⓥ受　　　 M
(5) The language (spoken 〈 in this region 〉) doesn't have a written form.
　　　　　 S　　　 M　　　　　　　　　 V　　　 O

文全体の視点　過去分詞句(spoken in this region)が，名詞languageを修飾する形容詞句(M)。

この地域で話されている言語は，文字を持たない。

ドリル 1 2 3 4　文構造を分析しましょう。

58

❶（形容詞のカタマリ）を見つけて，（　）を記しましょう。❷文全体の文の要素を A▶ に（S・V・O・C・M）で表しましょう。❸修飾する名詞との関係性を B▶ に（ⓢ・ⓥ・⊙・ⓒ・M）で表しましょう。

解答

B▶
☐ (1) He is the first person to land on the moon .
A▶

▶ ドリル1
例文

B▶
☐ (2) He has an assignment to submit by tomorrow .
A▶

▶ ドリル1
練習❶

B▶
☐ (3) He couldn't find a house to live in .
A▶

▶ ドリル1
練習❷

B▶
☐ (4) He can communicate with people speaking a foreign language .
A▶

▶ ドリル1
練習❸

B▶
☐ (5) The language spoken in this region doesn't have a written form .
A▶

▶ ドリル1
練習❹

ドリル **3**
12**3**4

文構造を分析し, 日本語に訳しましょう。

❶(形容詞のカタマリ)を見つけて,( )を記しましょう。❷文全体の文の要素を **A▶** に(S・V・O・C・M)で表しましょう。❸修飾する名詞との関係性を **B▶** に(⑤・Ⓥ・Ⓞ・Ⓒ・Ⓜ)で表しましょう。❹**日本語訳▶** の空所を埋めましょう。

B▶
☐ (1) He is the only person to resolve the problem .
A▶

日本語訳▶ 彼は, _____ 唯一の人間だ。

✎ resolve 動 〜を解決する

B▶
☐ (2) Your essay still has many errors to correct .
A▶

日本語訳▶ あなたの小論文は, まだ_____ 間違いがたくさんある。

✎ essay 名 小論文, エッセイ／still 副 まだ, 依然として／error 名 間違い／correct 動 〜を訂正する

B▶
☐ (3) He doesn't have friends to rely on .
A▶

日本語訳▶ 彼は, _____ 友達を持っていない。

✎ rely on 〜 〜に頼る

B▶
☐ (4) I received a letter asking me to attend the meeting .
A▶

日本語訳▶ 私は, _____ 手紙を受け取った。

✎ receive 動 〜を受け取る

B▶
☐ (5) The rapid changes caused by the company have influenced people's lives .
A▶

日本語訳▶ _____ 急速な変化は, 人々の生活に影響した。

✎ rapid 形 急速な／lives 名 生活 (lifeの複数形)

解 答

(1) He is the only person (to resolve the problem) .
　　S　V　　　C　　　　　M
　　彼は,（その問題を解決できる）唯一の人間だ。

(2) Your essay 〈still〉 has many errors (to correct) .
　　　S　　　　M　　　　　O　　　　M
　　あなたの小論文は, まだ（訂正すべき）間違いがたくさんある。

(3) He doesn't have friends (to rely on) .
　　S　　　V　　　O　　　　M
　　彼は,（頼れる［頼るべき］）友達を持っていない。

(4) I received a letter (asking me to attend the meeting) .
　　S　　V　　　O　　　M
　　私は,（私にその会議に出席するよう頼む［要請する］）手紙を受け取った。

> The rapid changes were caused by the company. の関係。

(5) The rapid changes (caused 〈by the company〉) have influenced people's lives.
　　　　S　　　　　M　　　　　　　　　　V　　　　O
　　（その会社によって引き起こされた）急速な変化は, 人々の生活に影響した。

ドリル 123 **4**

文構造を分析し，日本語に訳しましょう。

 60

❶（形容詞のカタマリ）を見つけて，（　）を記しましょう。❷文全体の文の要素を **A▶** に（S・V・O・C・M）で表しましょう。❸修飾する名詞との関係性を **B▶** に（Ⓢ・Ⓥ・Ⓞ・Ⓒ・Ⓜ）で表しましょう。❹ **日本語訳▶** に訳を記しましょう。

☐ **(1)** **B▶** England was the first country to undergo an industrial revolution .
A▶

日本語訳▶ _____

🔖 undergo 動 ～を経験する／industrial revolution　産業革命

☐ **(2)** **B▶** I have a large family to support .
A▶

日本語訳▶ _____

🔖 support 動 ～を養う

☐ **(3)** **B▶** I have an urgent matter to deal with .
A▶

日本語訳▶ _____

☐ **(4)** **B▶** We are trying to overcome the challenge facing us now .
A▶

日本語訳▶ _____

🔖 challenge 名 難題，課題／face 動 ～に立ちはだかる

☐ **(5)** **B▶** She is trying to get rid of the bad habits acquired in childhood .
A▶

日本語訳▶ _____

🔖 get rid of ～　～を取り除く／habit 名 癖，習慣／acquire 動 ～を身に付ける／childhood 名 子どもの頃

解 答

(1) England was the first ⓈountⓇy (to undergo an industrial revolution) .
　　　 S　 V　　C　　　　M
イングランドは，（産業革命を経験した）初めての国だった。

(2) I have a large family (to support) .
　　　 S V　　O　　　 M
私には，（養うべき）大家族がある。

(3) I have an urgent matter (to deal with) .
　　　 S V　　　 O　　　 M
私は，（対処すべき）緊急の問題を持っている［抱えている］。

(4) We are trying to overcome the challenge (facing us 〈now〉) .
　　　 S　　　　 V　　　　　　　 O　　　　　 M
私たちは，（今私たちの前に立ちはだかっている）難題を乗り越えようとしている。

> The bad habits were acquired in childhood. の関係。

(5) She is trying to get rid of the bad habits (acquired 〈in childhood〉) .
　　　 S　　　　 V　　　　　　　　 O　　　 M
彼女は，（子どもの頃に身に付けられた［付いた］）悪い癖を取り除こう［治そう］としている。

2 >>> 形容詞節① 関係代名詞

⚠ 文全体の視点

which / who(m) / that / whose（関係代名詞）は（形容詞節）を作り，名詞を修飾する**M**になる。

⚠ カタマリ内部の視点

	物	人	物でも人でも	カタマリ内部での自分自身の役割
①主格	which	who	that	主語（Ⓢ）の役割
②目的格	which	who(m)	that	目的語（Ⓞ・前置詞のⓄ）の役割
③補格	–	–	原則that	補語（Ⓒ）の役割 ※「補格」という言葉は造語。
④所有格	–	–	whose	所有格の役割で直後の名詞にかかる（例）his father➡whose father

※目的格（Ⓞ）・補格（Ⓒ）の関係代名詞は省略されることが多い。省略されると，〈名詞＋SV ...〉の語順となる。

⚠ 訳出

前の名詞にかける。

ドリル 1 234 文構造を意識して，例文にならって，練習❶〜❹の灰色の部分をなぞりましょう。

 61

例文

カタマリ内部の視点 whoは，自分自身がwitnessedの主語（Ⓢ）の役割。
《元の形》A pedestrian had witnessed the accident. ➡《関係代名詞》who had witnessed the accident
Ⓢ Ⓥ Ⓞ

(1) The police found a pedestrian (who had witnessed the accident).
　　S　　　V　　　O　　　　　M

文全体の視点 関係代名詞節(who had witnessed the accident)が，名詞pedestrianを修飾する形容詞節(M)。

警察は，（その事故を目撃した）歩行者を見つけた。

練習❶

カタマリ内部の視点 whichは，自分自身がaboutの目的語（前置詞のⓄ）の役割。
《元の形》She talked 〈about the topic〉. ➡《関係代名詞》which she talked about
Ⓢ Ⓥ 前＋前のⓄ 前のⓄ Ⓢ Ⓥ 前

(2) The topic (which she talked about) was interesting.
　　S　　M　　　　　　　　　V　　C

文全体の視点 関係代名詞節(which she talked about)が，名詞topicを修飾する形容詞節(M)。

（彼女が話した）話題は，面白かった。

練習 ②

カタマリ内部の視点 he inventedの前に, 自分自身がinventedの目的語 (Ⓞ) の役割である関係代名詞which [that] が省略されている。このように, 目的語 (Ⓞ) の役割である関係代名詞(目的格の関係代名詞)は, 省略することができる。

《元の形》He invented the machine. → 《関係代名詞》 ~~which [that]~~ he invented
⟶ Ⓢ Ⓥ Ⓞ　　　　　　　　　　　Ⓞ Ⓢ Ⓥ

(3) The |machine| (he invented) changed the world.
　　　S　　　M　　　　　　　V　　　　O

✎ invent 動
　~を発明する

文全体の視点 関係代名詞節(he invented)が, 名詞machineを修飾する形容詞節(M)。

（彼が発明した）機械は, 世界を変えた。

カタマリ内部の視点 thatは, 自分自身がwasの補語 (Ⓒ) の役割。なお, 補語 (Ⓒ) の役割である関係代名詞 (補格の関係代名詞)は, 先行詞が人か物かにかかわらず, thatを用いるのが普通。省略されることも多い。

《元の形》He was the person ⟨ten years ago⟩. → 《関係代名詞》that he was ⟨ten years ago⟩
⟶ Ⓢ Ⓥ Ⓒ　　　　Ⓜ　　　　　　　　Ⓒ Ⓢ Ⓥ　　Ⓜ

Chapter
4

(4) He is ⟨ no longer ⟩ the |person| (that he was ⟨ ten years ago ⟩).
　　S　V　　　M　　　　　　　C　　　　　M

✎ no longer
　もはや~ない

文全体の視点 関係代名詞節(that he was ten years ago)が, 名詞personを修飾する形容詞節(M)。

彼は, もはや（10年前の）彼ではない。

カタマリ内部の視点 whoseは, 自分自身が所有格の役割。直後のmeaningsにかかっている。

《元の形》You don't know their meanings ⟨well⟩. → 《関係代名詞》whose meanings you don't know ⟨well⟩
⟶ Ⓢ Ⓥ Ⓜ　　　　Ⓜ　　　　　　　　Ⓞ　　　Ⓢ　　Ⓥ　Ⓜ

(5) You shouldn't use |words| (whose meanings you don't know ⟨ well ⟩).
　　　S　　　V　　O　　　　　O　　　　　　S　　　V　　　M

文全体の視点 関係代名詞節(whose meanings you don't know well)が, 名詞wordsを修飾する形容詞節(M)。

あなたは, （あなたが意味をよく知らない）単語を使うべきではない。

ドリル 2 （1 **2** 3 4）　文構造を分析しましょう。

🔊 61

❶（形容詞のカタマリ）を見つけて, ( ) を記しましょう。❷文全体の文の要素を
🅐▶に (S・V・O・C・M) で表しましょう。❸カタマリ内部の文の要素を🅑▶に (Ⓢ・Ⓥ・Ⓞ・Ⓒ・Ⓜ) で表しましょう。

解 答

🅑▶
☐ (1) The police found a pedestrian who had witnessed the accident .
🅐▶

▶ドリル1
例文

🅑▶
☐ (2) The topic which she talked about was interesting .
🅐▶

▶ドリル1
練習 ❶

🅑▶
☐ (3) The machine he invented changed the world .
🅐▶

▶ドリル1
練習 ❷

🅑▶
☐ (4) He is no longer the person that he was ten years ago .
🅐▶

▶ドリル1
練習 ❸

🅑▶
☐ (5) You shouldn't use words whose meanings you don't know well .
🅐▶

▶ドリル1
練習 ❹

62

ドリル 3

文構造を分析し，日本語に訳しましょう。

❶（形容詞のカタマリ）を見つけて，（　）を記しましょう。❷文全体の文の要素を
A▶に（S・V・O・C・M）で表しましょう。❸カタマリ内部の文の要素を**B▶**に（Ⓢ・
Ⓥ・Ⓞ・Ⓒ・Ⓜ）で表しましょう。❹日本語訳の空所を埋めましょう。

□ **B▶** (1) They are investigating the accident which occurred last month .
A▶

日本語訳▶彼らは, ＿＿＿＿＿＿＿＿＿＿＿＿＿＿＿＿＿＿＿＿＿＿＿事故を調査している。

✎ investigate 動 〜を調査する

□ **B▶** (2) She is the girl whom my boyfriend went to a fireworks display with .
A▶

日本語訳▶彼女は, ＿＿＿＿＿＿＿＿＿＿＿＿＿＿＿＿＿＿＿＿女の子だ。

✎ fireworks display 花火大会

□ **B▶** (3) There are still many things we cannot understand about nature .
A▶

日本語訳▶＿＿＿＿＿＿＿＿＿＿＿＿＿＿＿＿＿＿＿＿＿は，まだたくさんある。

□ **B▶** (4) I am not the naughty boy that I was ten years ago .
A▶

日本語訳▶私は, ＿＿＿＿＿＿＿＿＿＿＿＿＿＿＿＿＿＿＿＿ではない。

✎ naughty 形 わんぱくな

□ **B▶** (5) I know a woman whose father devotes his life to his business .
A▶

日本語訳▶私は, ＿＿＿＿＿＿＿＿＿＿＿＿＿＿＿＿＿＿＿女性を知っている。

解 答

(1) They are investigating the ｜accident｜ (which occurred 〈last month〉) .
　　 S　　 V　　　　　　　 O　　　 Ⓢ　 Ⓥ　　 Ⓜ
　　彼らは,（先月起こった）事故を調査している。

(2) She is the ｜girl｜ (whom my boyfriend went 〈to a fireworks display〉 with) .
　　 S　V　 C　　 前のⓄ　Ⓢ　　　　　　Ⓥ　　　　　　 Ⓜ　　　　 前
　　彼女は,（私の彼氏が一緒に花火大会へ行った）女の子だ。

(3) There are 〈still〉 many ｜things｜ (we cannot understand) (about nature) .
　　　　 V　　　 M　　　 S　　　 Ⓢ　 Ⓜ　　 Ⓥ　　　　　　Ⓜ
　　（私たちが自然について理解できないこと）は，まだたくさんある。

(4) I am not the naughty ｜boy｜ (that I was 〈ten years ago〉) .
　　 S V　　　　　　 C　　 Ⓒ Ⓢ Ⓥ　　　 Ⓜ
　　私は,（10 年前の）わんぱく少年ではない。

(5) I know a ｜woman｜ (whose father devotes his life 〈to his business〉) .
　　 S　V　　 O　　　 Ⓢ　 Ⓥ　　 Ⓞ　　　 Ⓜ
　　私は,（父親が人生を仕事に捧げている）女性を知っている。

ドリル
1 2 3 **4**

文構造を分析し，日本語に訳しましょう。

❶（形容詞のカタマリ）を見つけて，（　）を記しましょう。❷文全体の文の要素を
A▶に（S・V・O・C・M）で表しましょう。❸カタマリ内部の文の要素を**B▶**に（Ⓢ・
Ⓥ・Ⓞ・Ⓒ・Ⓜ）で表しましょう。❹**日本語訳▶**に訳を記しましょう。

☐ **(1)** B▶ A restaurant that serves nice curry in Kyoto is going to expand into Osaka .
A▶

日本語訳▶＿＿＿＿＿＿＿＿＿＿＿＿＿＿＿＿＿＿＿＿＿＿＿＿＿＿＿＿＿＿＿＿＿＿＿＿＿

✎ serve 動 ～を提供する

☐ **(2)** B▶ A team that many famous players belong to will win the final game .
A▶

日本語訳▶＿＿＿＿＿＿＿＿＿＿＿＿＿＿＿＿＿＿＿＿＿＿＿＿＿＿＿＿＿＿＿＿＿＿＿＿＿

✎ belong to ～ ～に所属している／final game 最終戦

☐ **(3)** B▶ The new policy we adopted turned out to be successful .
A▶

日本語訳▶＿＿＿＿＿＿＿＿＿＿＿＿＿＿＿＿＿＿＿＿＿＿＿＿＿＿＿＿＿＿＿＿＿＿＿＿＿

✎ policy 名 政策, 施策／adopt 動 ～を採用する

☐ **(4)** B▶ Japan is not the country that it used to be .
A▶

日本語訳▶＿＿＿＿＿＿＿＿＿＿＿＿＿＿＿＿＿＿＿＿＿＿＿＿＿＿＿＿＿＿＿＿＿＿＿＿＿

☐ **(5)** B▶ Scientists must not use substances whose nature they don't know .
A▶

日本語訳▶＿＿＿＿＿＿＿＿＿＿＿＿＿＿＿＿＿＿＿＿＿＿＿＿＿＿＿＿＿＿＿＿＿＿＿＿＿

✎ substance 名 物質／nature 名 性質

解 答

(1) A restaurant (that serves nice curry 〈in Kyoto〉) is going to expand 〈into Osaka〉 .
　　 S　　　　　 M　　 Ⓢ　Ⓥ　　 Ⓞ　　 Ⓜ　　　　　　　　 V　　　　　 M
（京都でおいしいカレーを提供している）レストランが，大阪へ進出する予定だ。

(2) A team (that many famous players belong to) will win the final game.
　　 S　　 M　 前のⓄ　　 Ⓢ　　　 Ⓥ　前　　 V　　 O
（多くの有名な選手が所属している）チームが，最終戦に勝つだろう。

(3) The new policy (we adopted) turned out to be successful.
　　　 S　　　 M　 Ⓢ　 Ⓥ　　 V　　　　　 C
（私たちが採用した）その新しい政策は，成功だと分かった。

(4) Japan is not the country (that it used to be) .
　　 S　 V　　　 C　　 Ⓒ　Ⓢ　　 Ⓥ
　　　　　　　　　 M
日本は，（以前の）国［日本］ではない。

(5) Scientists must not use substances (whose nature they don't know) .
　　 S　　　 V　　　 O　　 M　 Ⓞ　　 Ⓢ　　 Ⓥ
科学者は，（自分が性質を分かっていない）物質を使ってはならない。

3 ››› 形容詞節② 前置詞＋関係代名詞 / 関係副詞

ポイント

! 文全体の視点

前置詞＋which / whom（前置詞＋関係代名詞）
when / where / why（関係副詞） ｝ は（形容詞節）を作り，名詞 を修飾するMになる。

! カタマリ内部の視点

前置詞＋which / whom（前置詞＋関係代名詞）
when / where / why（関係副詞） ｝ は，カタマリ内部で自分自身が副詞（Ⓜ）の役割を担う。

! 訳出

前の 名詞 にかける。訳しにくい場合は，関係詞節の《元の形》を考えて意訳する（ドリル❶の練習①参照）。

ドリル **1** 234　文構造を意識して，例文にならって，練習❶～❹の灰色の部分をなぞりましょう。 64

例文

カタマリ内部の視点 about whichは，セットで副詞（Ⓜ）の役割。
《元の形》I spoke 〈to you〉〈about the movie〉〈last week〉. ➡《前＋関代》〈about which〉I spoke 〈to you〉〈last week〉
Ⓢ Ⓥ Ⓜ Ⓜ Ⓜ Ⓜ Ⓢ Ⓥ Ⓜ Ⓜ

(1) This is the movie （〈 about which 〉 I spoke 〈 to you 〉〈 last week 〉）.
　　S　V　　C　　　　　　　　　　　　　S　V　　Ⓜ　　　　Ⓜ
　　　　　　　　M

文全体の視点 関係代名詞節（about which I spoke to you last week）が，名詞movieを修飾する形容詞節（M）。

これは，（私が先週あなたに話した）映画だ。

練習 ❶

カタマリ内部の視点 without whichは，セットで副詞（Ⓜ）の役割。
《元の形》We cannot live 〈without the substances〉. ➡《前＋関代》〈without which〉we cannot live
Ⓢ Ⓥ Ⓜ Ⓜ Ⓢ Ⓥ

(2) Vitamins are substances （〈 without which 〉 we cannot live 〉.　　🔖 vitamin 名
　　　S　　V　　C　　　　　　　　　　　　　S　　V　　　　　　　ビタミン
　　　　　　　　　　M

文全体の視点 関係代名詞節（without which we cannot live）が，名詞substancesを修飾する形容詞節（M）。

《直訳》ビタミンは，（（それが）ないと私たちが生きられない）物質だ。

《意訳》ビタミンは，（私たちが生きる上で必要不可欠な［なくてはならない］）物質だ。

練習 **2**

カタマリ内部の視点 whenは, 自分自身が副詞（Ⓜ）の役割。whenの代わりにon whichでも可。

《元の形》The disaster occurred 〈on the day〉. ➡ 《前＋関代》〈on which〉 the disaster occurred
　　　　　　Ⓢ　　　　Ⓥ　　　Ⓜ　　　　　《関係副詞》〈when〉　　　　Ⓢ　　　Ⓥ
　　　　　　　　　　　　　　　　　　　　　　　　　　　　　Ⓜ

🖉 disaster 名
災害, 大惨事

(3) We remember the |day| 《 when 》 the disaster occurred ）.
　　Ⓢ　　Ⓥ　　　Ⓞ　　Ⓜ　　Ⓢ　　　　Ⓥ

文全体の視点 関係副詞節（when the disaster occurred）が, 名詞dayを修飾する形容詞節（Ⓜ）。

私たちは，（その災害が起こった）日を覚えている。

練習 **3**

カタマリ内部の視点 whereは, 自分自身が副詞（Ⓜ）の役割。whereの代わりにat whichでも可。

《元の形》The cartoonist completed his work 〈at the house〉. ➡ 《前＋関代》〈at which〉 the cartoonist completed his work
　　　　　　Ⓢ　　　　　　Ⓥ　　　Ⓞ　　　Ⓜ　　　　　《関係副詞》〈where〉　　　　Ⓢ　　　　　　Ⓥ　　　Ⓞ
　　　　　　　　　　　　　　　　　　　　　　　　　　　　　　　Ⓜ

(4) This is the |house| 《 where 》 the cartoonist completed his work ）.
　　Ⓢ　Ⓥ　　Ⓒ　　　Ⓜ　　　Ⓢ　　　　　　Ⓥ　　　Ⓞ

文全体の視点 関係副詞節（where the cartoonist completed his work）が, 名詞houseを修飾する形容詞節（Ⓜ）。

これは，（その漫画家が彼［自分］の作品を完成させた）家だ。

練習 **4**

カタマリ内部の視点 whyは, 自分自身が副詞（Ⓜ）の役割。whyの代わりにfor whichでも可。

《元の形》He would quit his job 〈for the reason〉. ➡ 《前＋関代》〈for which〉 he would quit his job
　　　　　　Ⓢ　　　Ⓥ　　Ⓞ　　　　Ⓜ　　　　《関係副詞》〈why〉　　　Ⓢ　　　Ⓥ　　Ⓞ
　　　　　　　　　　　　　　　　　　　　　　　　　　　Ⓜ

(5) He didn't tell me the |reason| 《 why 》 he would quit his job ）.
　　Ⓢ　　Ⓥ　　Ⓞ₁　　Ⓞ₂　　Ⓜ　　　Ⓢ　　　Ⓥ　　Ⓞ

文全体の視点 関係副詞節（why he would quit his job）が, 名詞reasonを修飾する形容詞節（Ⓜ）。

彼は私に，（彼が仕事を辞めるつもりである）理由を言わなかった。

ドリル **2** 3 4　**文構造を分析しましょう。**　🔊 64

❶（形容詞のカタマリ）を見つけて,（　）を記しましょう。❷文全体の文の要素を
Ⓐ▶に（S・V・O・C・M）で表しましょう。❸カタマリ内部の文の要素をⒷ▶に（Ⓢ
・Ⓥ・Ⓞ・Ⓒ・Ⓜ）で表しましょう。

解答

Ⓑ▶
☐ (1) This is the movie about which I spoke to you last week .
Ⓐ▶
▶ドリル1
例文

Ⓑ▶
☐ (2) Vitamins are substances without which we cannot live .
Ⓐ▶
▶ドリル1
練習❶

Ⓑ▶
☐ (3) We remember the day when the disaster occurred .
Ⓐ▶
▶ドリル1
練習❷

Ⓑ▶
☐ (4) This is the house where the cartoonist completed his work .
Ⓐ▶
▶ドリル1
練習❸

Ⓑ▶
☐ (5) He didn't tell me the reason why he would quit his job .
Ⓐ▶
▶ドリル1
練習❹

ドリル 1 2 3 4

文構造を分析し，日本語に訳しましょう。

65

❶〈形容詞のカタマリ〉を見つけて，（ ）を記しましょう。❷文全体の文の要素を
A▶ に（S・V・O・C・M）で表しましょう。❸カタマリ内部の文の要素を **B▶** に（Ⓢ・
Ⓥ・Ⓞ・Ⓒ・Ⓜ）で表しましょう。❹ **日本語訳▶** の空所を埋めましょう。

☐ (1) **B▶** She is the person from whom I obtained the information .
A▶

日本語訳▶ 彼女は, _____ 人物だ。

🖎 obtain 動 〜を得る

☐ (2) **B▶** The patient on whom the doctor spent great effort recovered quickly .
A▶

日本語訳▶ _____ その患者は, 急速に回復した。

🖎 recover 動 回復する／quickly 副 急速に

☐ (3) **B▶** Do you have something for which you live ?
A▶

日本語訳▶ あなたは, _____ を持っていますか。

☐ (4) **B▶** I still remember the day when we got married .
A▶

日本語訳▶ 私は, _____ 日をいまだに覚えている。

🖎 get married 結婚する

☐ (5) **B▶** There must be a reason why he consistently opposes our plan .
A▶

日本語訳▶ _____ 理由があるにちがいない。

🖎 oppose 動 〜に反対する

解 答

(1) She is the person （〈from whom〉 I obtained the information） .
　　S　V　　C　　　　Ⓜ　　　Ⓢ　Ⓥ　　　　Ⓞ　　　　M

　　彼女は,（私がその情報を得た）人物だ。

(2) The patient （〈on whom〉 the doctor spent great effort） recovered 〈quickly〉 .
　　　S　　　　　Ⓜ　　　　Ⓢ　　　　Ⓥ　　　Ⓞ　　　　　V　　　　M
　　　　　M

　　（その医者が多くの努力を費やした）その患者は, 急速に回復した。

(3) Do you have something （〈for which〉 you live） ?
　　　S　V　　O　　　　　　Ⓜ　　　Ⓢ　Ⓥ

　　《直訳》あなたは,（そのために生きているという）何かを持っていますか。
　　《意訳》あなたは, 何か生きる目的［生きがい］を持っていますか。

(4) I 〈still〉 remember the day （〈when〉 we got married） .
　　S　M　　　V　　　O　　　Ⓜ　　Ⓢ　Ⓥ

　　私は,（私たちが結婚した）日をいまだに覚えている。

(5) There must be a reason （〈why〉 he 〈consistently〉 opposes our plan） .
　　　　　V　　　S　　　　Ⓜ　Ⓢ　　　Ⓜ　　　　　Ⓥ　　Ⓞ

　　（彼が私たちの計画に一貫して反対している）理由があるにちがいない。

ドリル 123 ④ 文構造を分析し，日本語に訳しましょう。

66

❶（形容詞のカタマリ）を見つけて，（ ）を記しましょう。❷文全体の文の要素を
Ａ▶に（S・V・O・C・M）で表しましょう。❸カタマリ内部の文の要素をＢ▶に（Ⓢ・
Ⓥ・Ⓞ・Ⓒ・Ⓜ）で表しましょう。❹日本語訳▶に訳を記しましょう。

☐ (1) Ｂ▶ Language is a means by which people communicate with others .
Ａ▶

日本語訳▶ _____

🔖 means 名 手段

Chapter **4**

☐ (2) Ｂ▶ She is a famous architect about whom many books have been published .
Ａ▶

日本語訳▶ _____

🔖 architect 名 建築家／publish 動 ～を出版する

☐ (3) Ｂ▶ We have to improve the bad conditions under which they work .
Ａ▶

日本語訳▶ _____

🔖 condition 名 条件，環境

☐ (4) Ｂ▶ The day will come when he will regret his actions .
Ａ▶

日本語訳▶ _____

🔖 regret 動 ～を後悔する／action 名 行動

☐ (5) Ｂ▶ The U.S. is a country where people value freedom .
Ａ▶

日本語訳▶ _____

🔖 the U.S. アメリカ合衆国／value 動 ～を重んじる

解 答

(1) Language is a means (⟨by which⟩ people communicate ⟨with others⟩) .
　　　S　　V　C　M　　　　　　　　Ⓢ　　　Ⓥ　　　　Ⓜ

言語は，（人々が他人とコミュニケーションをとる）手段だ。

(2) She is a famous architect (⟨about whom⟩ many books have been published) .
　　S　V　　　　C　　　　　M　　　　　Ⓢ　　　　　　Ⓥ

彼女は，（（自身に関して）多くの本が出版されている）有名な建築家だ。

(3) We have to improve the bad conditions (⟨under which⟩ they work) .
　　S　　　V　　　　　O　　　　　　　M　　　　　Ⓢ　Ⓥ

私たちは，（彼らが働く（際の））悪い条件［彼らの悪い労働条件］を改善しなければならない。

(4) The day will come (⟨when⟩ he will regret his actions) .
　　　S　　V　　　　M　　　Ⓢ　　Ⓥ　　　Ⓞ

> 関係副詞節 (when ... actions) が離れた
> 名詞 (the day) を修飾することがある。

（彼が，彼の行動を後悔する）日がくるだろう。

(5) The U.S. is a country (⟨where⟩ people value freedom) .
　　　S　　V　　C　　　　　M　　　Ⓢ　　Ⓥ　　Ⓞ

アメリカ合衆国は，（人々が自由を重んじる）国（の1つ）だ。

4 ››› 副詞句① 不定詞

! 文全体の視点

to *do*（不定詞）は〈副詞句〉を作り，**M**になる。

! カタマリ内部の視点

・**to *do***（不定詞）が ⓥ で，動詞に応じた文型（ⓞ・ⓒ）が続く。
・原則，不定詞の主語（ⓢ）は，文の主語（**S**）と一致する。

! 訳出

① **目的**「…するために」≒ **in order to *do*** / **so as to *do***

② **結果**「〜すると…，〜して…」：『**目的意識なく生じる結果**』を示す。

表現	SV 〜 〈**to find**［**realize** / **discover**］...〉〜して，…に気付く
	SV 〜，〈**only to *do*** ...〉〜したが，（結局［残念ながら］）…するだけだった
	grow up 〈**to be** ...〉成長して［大人になって］…になる
	live 〈**to be** ...〉…歳まで生きる

③ **感情の理由**「…して，…したので」：『**なぜその感情を抱いたのか**』を示す。

④ **判断の根拠**「…するなんて，...するとは」：『**なぜそう言えるのか**』を示す。

⑤ **程度** （1）形・副〈**enough**〉〈**to *do***〉「…できるほど（十分に）形・副だ」
　　　　（2）〈**too**〉形・副〈**to *do***〉
　　　　　　《程度訳》「…するには形・副すぎる」《因果訳》「形・副すぎて…できない」

ドリル **1** 234
文構造を意識して，例文にならって，練習❶〜❹の灰色の部分を
なぞりましょう。

67

カタマリ内部の視点 take 「〜を取る」

例文
(1) It began raining, so I went 〈 back 〉〈 home 〉〈 to take an umbrella 〉.
　　s　　V　　O　　　S　　V　　M　　　M　　　M

文全体の視点 不定詞〈to take ...〉が，「目的」を示す副詞句（M）。
in order to *do* / so as to *do* で「目的」を示すこともできる。

雨が降り始めたので，私は，〈傘を取るために〉家へ帰った。

練習 ①

(2) She woke up 〈 to find herself lying 〈 on the floor 〉〉.
　　S　　V　　M

カタマリ内部の視点 find O C(*doing*)「Oが…しているのに気付く」

🖋 lie 動
横たわる，横になる

文全体の視点 不定詞句〈to find ...〉が，「目的意識なく生じる結果」を示す副詞句（M）。「自分が床の上
に横たわっているのに気付くために目覚める」は不自然なので，「目的」とはとれない。

彼女は，目覚めると，〈自分が床の上に横たわっているのに気付いた〉。

練習 2

カタマリ内部の視点 donate O〈to ～〉「Oを～に寄付する」

(3) He must be generous 〈 to donate two million yen 〈 to the charity 〉〉.
　　S　　V　　C　　　　　　　V　　　　O　　　　　　　　M

文全体の視点 不定詞句〈to donate ...〉が，直前のHe must be generousへの「判断の根拠（なぜそう言えるのか）」を示す副詞句（M）。

彼は，〈慈善団体に 200 万円を寄付するなんて，〉気前が良いにちがいない。

練習 3

カタマリ内部の視点 use 「～を使う」

(4) He is mature 〈 enough 〉〈 to use a knife 〈 properly 〉〉.
　　S　V　　C　　　　M　　　　　V　　O　　　　　M

✎ properly 副
　　適切に

文全体の視点 不定詞句〈to use ...〉が，直前のmature enough（十分大人だ）に対して，「程度（どの程度大人か）」を示す副詞句（M）。enoughは《形・副＋enough》の語順で，形・副を後ろから修飾する。

彼は，〈ナイフを適切に使うことができるほど，〉（十分に）大人だ。

練習 4

カタマリ内部の視点 understand 「～を理解する」

(5) He was 〈 too 〉 young 〈 to understand the situation 〉.
　　S　V　　M　　　C　　M　　　V　　　　O

文全体の視点 不定詞句〈to understand ...〉が，too young（若すぎる）に対して，「程度（何をするには若すぎるのか）」を示す副詞句（M）。

《程度訳》彼は，〈その状況を理解するには，〉若すぎた。
《因果訳》彼は，若すぎて，〈その状況を理解できなかった〉。

ドリル 2
(1 **2** 3 4)

文構造を分析しましょう。

🔊 67

❶〈副詞のカタマリ〉を見つけて，〈 〉を記しましょう。❷文全体の文の要素を A▶に（S・V・O・C・M）で表しましょう。❸カタマリ内部の文の要素を B▶に（Ⓢ・Ⓥ・Ⓞ・Ⓒ・Ⓜ）で表しましょう。

解 答

B▶
☐ (1) It began raining , so I went back home to take an umbrella .
A▶

▶ドリル1
　例文

B▶
☐ (2) She woke up to find herself lying on the floor .
A▶

▶ドリル1
　練習❶

B▶
☐ (3) He must be generous to donate two million yen to the charity .
A▶

▶ドリル1
　練習❷

B▶
☐ (4) He is mature enough to use a knife properly .
A▶

▶ドリル1
　練習❸

B▶
☐ (5) He was too young to understand the situation .
A▶

▶ドリル1
　練習❹

ドリル 3 文構造を分析し，日本語に訳しましょう。

❶〈副詞のカタマリ〉を見つけて，〈　〉を記しましょう。❷文全体の文の要素を
A▶ に（S・V・O・C・M）で表しましょう。❸カタマリ内部の文の要素を **B▶** に（⑤・
Ⓥ・Ⓞ・Ⓒ・Ⓜ）で表しましょう。❹**日本語訳**の空所を埋めましょう。

☐ **(1)** **B▶** The researcher conducted a survey so as to obtain accurate data .
A▶

日本語訳▶ その研究者は，＿＿＿＿＿＿＿＿＿＿＿＿＿＿＿＿＿＿＿＿＿＿＿＿＿＿＿， 調査を行った。

🖋 conduct 動 〜を行う／survey 名 調査／accurate 形 正確な

☐ **(2)** **B▶** She grew up to be an expert on psychology .
A▶

日本語訳▶ 彼女は，＿＿＿＿＿＿＿＿＿＿＿＿＿＿＿＿＿＿＿＿＿＿＿＿＿＿＿＿＿＿＿＿。

🖋 psychology 名 心理学

☐ **(3)** **B▶** She was disappointed to see the result .
A▶

日本語訳▶ 彼女は，＿＿＿＿＿＿＿＿＿＿＿＿＿＿＿＿＿＿＿＿＿＿＿＿＿＿， がっかりした。

🖋 disappointed 形 がっかりして

☐ **(4)** **B▶** He must be crazy to go out in the heavy rain .
A▶

日本語訳▶ ＿＿＿＿＿＿＿＿＿＿＿＿＿＿＿＿＿＿＿＿＿＿＿＿＿＿＿， 彼は頭がどうかしているにちがいない。

🖋 crazy 形 気の狂った／go out 出かける

☐ **(5)** **B▶** He is open-minded enough to embrace cultural diversity .
A▶

日本語訳▶ 彼は，文化の多様性を受け入れる＿＿＿＿＿＿＿＿＿＿＿＿＿＿＿＿，（十分に）心を開いている。

🖋 open-minded 形 心を開いている／embrace 動 〜を受け入れる／diversity 名 多様性

解 答

(1) The researcher conducted a survey 〈so as to obtain accurate data〉.
　　　　S　　　　　　V　　　　O　　　　M　　　　　　Ⓥ　　　Ⓞ
　その研究者は，〈正確なデータを得るために，〉調査を行った。

(2) She grew up 〈to be an expert （on psychology）〉.
　　S　　V　　M　　Ⓥ　Ⓒ　　　Ⓜ
　彼女は，成長して［大人になって］，〈心理学の専門家になった〉。

(3) She was disappointed 〈to see the result〉.
　　S　　V　　C　　M　Ⓥ　　Ⓞ
　彼女は，〈その結果を見て，〉がっかりした。

(4) He must be crazy 〈to go out 〈in the heavy rain〉〉.
　　S　　V　　C　M　Ⓥ　　Ⓜ
　〈大雨の中出かけるなんて，〉彼は気が狂っているにちがいない。

(5) He is open-minded 〈enough〉〈to embrace cultural diversity〉.
　　S　V　　C　　M　　Ⓥ　　Ⓞ
　彼は，〈文化の多様性を受け入れることができるほど，〉（十分に）心を開いている。

文構造を分析し，日本語に訳しましょう。

 69

❶〈副詞のカタマリ〉を見つけて，〈　〉を記しましょう。❷文全体の文の要素を **A▶** に (S・V・O・C・M) で表しましょう。❸カタマリ内部の文の要素を **B▶** に (Ⓢ・Ⓥ・Ⓞ・Ⓒ・Ⓜ) で表しましょう。❹ **日本語訳▶** に訳を記しましょう。

□ **B▶**
(1) He writes letters to his clients regularly in order to maintain good relationships .
A▶

日本語訳▶ _____

🖉 client 名 顧客／regularly 副 定期的に

□ **B▶**
(2) We tried the experiment again , only to get the same result .
A▶

日本語訳▶ _____

🖉 experiment 名 実験

□ **B▶**
(3) He was shocked to see his daughter crying .
A▶

日本語訳▶ _____

□ **B▶**
(4) He must be foolish to ignore my warnings .
A▶

日本語訳▶ _____

🖉 foolish 形 愚かな／warning 名 警告

□ **B▶**
(5) The reason for her success is too obvious to require any explanation .
A▶

日本語訳▶ _____

🖉 obvious 形 明白な／explanation 名 説明

Chapter
4

解答

(1) He writes letters 〈to his clients〉 〈regularly〉 〈in order to maintain good relationships〉 .
 S V O   M   M   M
彼は，〈良い関係を維持するために，〉定期的に彼の顧客に手紙を書く。

(2) We tried the experiment 〈again〉 , 〈only to get the same result〉 .
 S V   O   M   M
私たちは再びその実験を試した〈が，同じ結果を得ただけだった〉。

(3) He was shocked 〈to see his daughter crying〉 .
 S V   C   M
彼は，〈彼の娘が泣いているのを見て，〉ショックを受けた。

(4) He must be foolish 〈to ignore my warnings〉 .
 S V   C   M
〈私の警告を無視するなんて，〉彼は愚かであるにちがいない。

(5) The reason (for her success) is 〈too〉 obvious 〈to require any explanation〉 .
 S   M   V M   C   M
《程度訳》彼女の成功の［彼女が成功した］理由は，〈いかなる説明をも必要とするには〉明白すぎる。
《因果訳》彼女の成功の［彼女が成功した］理由は，明白すぎ〈て，いかなる説明をも必要としない〉。

5 >>> 副詞句② 分詞構文

> **！ 文全体の視点**
>
> *doing*(現在分詞)/*done*(過去分詞)は〈副詞句〉を作り、**M**になる。この形を「分詞構文」と呼ぶ。
>
> **！ 分詞構文の視点**
>
> 原則、分詞構文の主語(Ⓢ)は、文の主語(**S**)に一致する。
>
> ①*doing*から始まる分詞構文:「<u>文の主語(**S**)</u>が…<u>する、している</u>」の関係
>   Ⓢ   Ⓥ
>
> ②*done*から始まる分詞構文: ⎰ 「<u>文の主語(**S**)</u>が…<u>され(てい)る、された</u>」の関係
>   ⎱ Ⓢ   Ⓥ受
>   **O**が1つ減った形が続く(受動態から生まれた形だから)
>
> **！ 訳出** ※Ａ・Ｂのいずれかで訳す。どちらで訳してもよい場合も多い。
>
> **Ａ ゆるやかにつなぐ:**「…し(ており)、…すると、…で」など
>   ※分詞構文は明確な論理関係を示さない表現形式である。
>
> **Ｂ 接続詞のようにつなぐ:**
>   ①《付帯状況》…しながら ②《理由》…ので
>   ③《条件》もし…なら ④《時》…時に

ドリル 1 2 3 4 文構造を意識して、例文にならって、練習❶〜❹の灰色の部分をなぞりましょう。

 70

例文

> **分詞構文の視点** 分詞構文の先頭は、文のS (this plan) が「…する側」の場合は、現在分詞 (*doing*) で始まる。
> 《元の形》This plan has many problems.
>   S   V   O

(1) 〈 Having many problems 〉, this plan should be revised.
    M   S   V

🖉 revise 動
〜を修正する

> **文全体の視点** 現在分詞句〈Having many problems〉が、副詞句 (M)。すなわち、分詞構文。

〈多くの問題があるので [問題があり]〉、この計画は修正されるべきだ。

練習❶

> **分詞構文の視点** 分詞構文の先頭は、文のS (Everyone) が「…する側」の場合は、現在分詞 (*doing*) で始まる。
> 《元の形》Everyone left me alone 〈in the room〉.
>   S   V O C

(2) Everyone went 〈 home 〉, 〈 leaving me alone 〈 in the room 〉〉.
    S   V   M   M

🖉 alone 副
1人で

> **文全体の視点** 現在分詞句〈leaving me alone in the room〉が、副詞句 (M)。すなわち、分詞構文。

全員が家に帰り、〈私をその部屋に1人で残した〉。

練習 ❷

> **分詞構文の視点** 分詞構文の先頭は, 文のS (I) が「…される側」の場合は, 過去分詞 (done) で始まる。
> 《元の形》 I was left ▲alone 〈in the room〉.
> 　　　　　 Ⓢ 　 Ⓥ受 　 　Ⓒ 　　受動態なのでⓄが1つ減る

(3) 〈 $\underset{M}{\underset{V受}{\text{Left}}}$ $\underset{}{\overset{Ⓒ}{\text{alone}}}$ 〈 $\overset{M}{\text{in the room}}$ 〉 〉, $\underset{S}{\overset{Ⓢ}{\text{I}}}$ $\underset{V}{\text{felt}}$ 〈 $\underset{M}{\text{extremely}}$ 〉 $\underset{C}{\text{lonely}}$.

　🔖 lonely 形
　寂しい

> **文全体の視点** 過去分詞句〈Left alone in the room〉が, 副詞句 (M)。すなわち, 分詞構文。

〈その部屋に1人で残されて [残されたので]〉, 私はとても寂しかった。

練習 ❸

> **分詞構文の視点** 分詞構文の先頭は, 文のS (Japan) が「…される側」の場合は, 過去分詞 (done) で始まる。
> 《元の形》 Japan is surrounded ▲〈by the sea〉.
> 　　　　　 Ⓢ 　　 Ⓥ受 　　　受動態なのでⓄが1つ減る

(4) 〈 $\underset{M}{\overset{Ⓥ受}{\text{Surrounded}}}$ 〈 $\overset{M}{\text{by the sea}}$ 〉 〉, $\underset{S}{\overset{Ⓢ}{\text{Japan}}}$ $\underset{V}{\text{has}}$ $\underset{O}{\text{a mild climate}}$.

　🔖 surround 動
　～を囲う

> **文全体の視点** 過去分詞句〈Surrounded by the sea〉が, 副詞句 (M)。すなわち, 分詞構文。

〈海に囲まれていて [囲まれているので]〉, 日本は穏やかな気候である。

練習 ❹

> **分詞構文の視点** 分詞構文の先頭は, 文のS (My father) が「…する側」の場合は, 現在分詞 (doing) で始まる。
> 《元の形》 My father runs a small company.
> 　　　　　 Ⓢ 　　 Ⓥ 　 Ⓞ

(5) $\underset{S}{\overset{Ⓢ}{\text{My father}}}$, 〈 $\underset{M}{\overset{Ⓥ}{\text{running}}}$ $\overset{Ⓞ}{\text{a small company}}$ 〉, $\underset{V}{\text{is}}$ 〈 $\underset{M}{\text{always}}$ 〉 $\underset{C}{\text{busy}}$.

> **文全体の視点** 現在分詞句〈running a small company〉が, 副詞句 (M)。すなわち, 分詞構文。

私の父は, 〈小さな会社を経営していて [経営しているので]〉, いつも忙しい。

ドリル 2 3 4　　文構造を分析しましょう。

🔊 70

> ❶〈副詞のカタマリ〉を見つけて, 〈 　〉を記しましょう。❷文全体の文の要素を
> Ⓐ▷に (S・V・O・C・M) で表しましょう。❸カタマリ内部の文の要素をⒷ▷に (Ⓢ
> ・Ⓥ・Ⓞ・Ⓒ・Ⓜ) で表しましょう。

解答

☐ (1) Ⓑ▷
Having many problems , this plan should be revised .
Ⓐ▷

▶ドリル1
例文

☐ (2) Ⓑ▷
Everyone went home , leaving me alone in the room .
Ⓐ▷

▶ドリル1
練習 ❶

☐ (3) Ⓑ▷
Left alone in the room , I felt extremely lonely .
Ⓐ▷

▶ドリル1
練習 ❷

☐ (4) Ⓑ▷
Surrounded by the sea , Japan has a mild climate .
Ⓐ▷

▶ドリル1
練習 ❸

☐ (5) Ⓑ▷
My father , running a small company , is always busy .
Ⓐ▷

▶ドリル1
練習 ❹

| ドリル 1 2 **3** 4 | 文構造を分析し，日本語に訳しましょう。 |

❶〈副詞のカタマリ〉を見つけて，〈　〉を記しましょう。❷文全体の文の要素を **A▶** に（S・V・O・C・M）で表しましょう。❸カタマリ内部の文の要素を **B▶** に（Ⓢ・Ⓥ・Ⓞ・Ⓒ・Ⓜ）で表しましょう。❹**日本語訳▶** の空所を埋めましょう。

B▶
☐ (1) Realizing the reality of the developing nation , he joined a voluntary organization .
A▶

日本語訳▶＿＿＿＿＿＿＿＿＿＿＿＿＿＿＿＿＿＿＿＿＿＿＿＿＿＿，彼はボランティア団体に参加した。

✎ reality 名 現実／voluntary 形 ボランティアの

B▶
☐ (2) Understanding the importance of mathematics , students will study it harder .
A▶

日本語訳▶＿＿＿＿＿＿＿＿＿＿＿＿＿＿＿＿＿＿＿＿＿，学生はそれをより一生懸命に勉強するだろう。

✎ mathematics 名 数学

B▶
☐ (3) They sailed into unknown seas , hoping to find a new continent .
A▶

日本語訳▶＿＿＿＿＿＿＿＿＿＿＿＿＿＿＿＿＿＿＿＿＿＿＿，彼らは，未知の海へと出航した。

✎ sail 動 出航する, 航行する／continent 名 大陸

B▶
☐ (4) Persuaded by his friends , he decided to purchase the expensive watch .
A▶

日本語訳▶＿＿＿＿＿＿＿＿＿＿＿＿＿＿＿＿＿＿，彼はその高価な腕時計を購入することに決めた。

✎ persuade 動 ～を説得する／purchase 動 ～を購入する／expensive 形 高価な

B▶
☐ (5) The young man , left a large fortune by his father , lost the motivation to work .
A▶

日本語訳▶その若い男は，＿＿＿＿＿＿＿＿＿＿＿＿＿＿＿＿＿＿，働くモチベーションを失った。

✎ fortune 名 財産／lose 動 ～を失う

解 答

(1) 〈Realizing the reality (of the developing nation)〉, he joined a voluntary organization.
　　 Ⓥ　　　　Ⓞ　　　　　　Ⓜ　　　　　　　 Ⓢ
　 M　　　　　　　　　　　　　　　　　　 S　 V　　　　　O
　　 〈その開発途上国の現実に気付いて [気付いたので]〉，彼はボランティア団体に参加した。

(2) 〈Understanding the importance (of mathematics)〉, students will study it 〈harder〉.
　　 Ⓥ　　　　　 Ⓞ　　　　　 Ⓜ　　　　　　 Ⓢ
　 M　　　　　　　　　　　　　　　　　　 S　 V　　 O　 M
　　 〈数学の重要性を理解すれば〉，学生はそれをより一生懸命に勉強するだろう。

(3) They sailed 〈into unknown seas〉, 〈hoping to find a new continent〉 .
　　 Ⓢ　　　　　　　　　Ⓥ　　　　　　 Ⓞ
　 S　 V　　　　 M　　　　　　 M
　　 〈新しい大陸を見つける [が見つかる] ことを願いながら [願って]〉，彼らは，未知の海へと出航した。

(4) 〈Persuaded 〈by his friends〉〉, he decided to purchase the expensive watch.
　　 Ⓥ受　　　　　　　　　 Ⓢ
　 M　　　　　　　　　　　　 S　 V　　 O
　　 〈彼の友達に説得されて [説得されたので]〉，彼はその高価な腕時計を購入することに決めた。

> He was persuaded by his friends. の関係。

(5) The young man, 〈left a large fortune 〈by his father〉〉, lost the motivation (to work) .
　　 Ⓢ　　　　　 Ⓥ受　　 Ⓞ　　　　　　 Ⓜ　　　　　　　　 V　　 O　　　 M
　 S
　　 その若い男は，〈父に大きな財産を残されたので [残されて]〉，働くモチベーションを失った。

> The young man was left a large fortune by his father. の関係。

文構造を分析し，日本語に訳しましょう。

72

❶〈副詞のカタマリ〉を見つけて，〈　〉を記しましょう。❷文全体の文の要素を
A▶に(S・V・O・C・M)で表しましょう。❸カタマリ内部の文の要素を**B▶**に(⑤・
Ⓥ・Ⓞ・Ⓒ・Ⓜ)で表しましょう。❹ 日本語訳▶に訳を記しましょう。

☐ **(1)** **B▶** Living in the countryside , we can enjoy the natural landscape all the time .
A▶

日本語訳▶ _____

🖉 countryside 名 田舎／landscape 名 風景, 景色／all the time　いつでも, 常に

☐ **(2)** **B▶** Hired by the famous company , she will be proud of herself .
A▶

日本語訳▶ _____

🖉 hire 動 ～を雇う

☐ **(3)** **B▶** She came into the room smiling brightly .
A▶

日本語訳▶ _____

🖉 brightly 副 明るく

☐ **(4)** **B▶** Written in simple English , this novel is suitable for beginners .
A▶

日本語訳▶ _____

🖉 novel 名 小説／beginner 名 初心者

☐ **(5)** **B▶** Everyone in the hall , deeply moved by the live performance , stood up and clapped .
A▶

日本語訳▶ _____

🖉 deeply 副 深く／live 形 生の／performance 名 演奏／clap 動 拍手する

解　答

(1) 〈Living〈Ⓥ〉 〈in the countryside〉Ⓜ〉 , we can enjoy the natural landscape 〈all the time〉 .
M　　　　　　　　　　　　　　　　　S　　V　　　　　　O　　　　　　　　M

〈田舎に住んでいるので〉，私たちは自然の風景をいつでも楽しむことができる。

(2) 〈Hired〈Ⓥ受〉 〈by the famous company〉Ⓜ〉 , she will be proud 〈of herself〉 .
M　　　　　　　　　　　　　　　　　　　S　　V　　C　　　M

> She is hired by the famous company. の関係。

〈その有名な会社に雇われたら〉，彼女は自分を誇らしく思うだろう。

(3) She came 〈into the room〉 〈smiling 〈brightly〉〉 .
⑤　Ⓥ　　Ⓜ　　　　　Ⓜ
S　V　　M　　　　　M

彼女は，〈明るく笑いながら〉部屋の中に入ってきた。

(4) 〈Written〈Ⓥ受〉 〈in simple English〉Ⓜ〉 , this novel is suitable 〈for beginners〉 .
M　　　　　　　　　　　　　　　　S　　　V　C　　　M

> This novel is written in simple English. の関係。

〈簡単な英語で書かれているので [書かれていて]〉，この小説は初心者に適している。

> Everyone in the hall was deeply moved by the live performance. の関係。

(5) Everyone 〈in the hall〉 , 〈〈deeply〉 moved 〈by the live performance〉〉 , stood up and clapped.
⑤　　　　Ⓜ　　　　　Ⓜ　Ⓥ受　　　Ⓜ　　　　　　　　　Ⓥ
S　　　　M　　　　　M　　　　　　　M

ホールにいた全員は，〈その生演奏に深く感動させられ（たので）〉，立ち上がって拍手をした。

Chapter
4

6 >>> 副詞節 接続詞

ポイント

！文全体の視点

if / whether / unlessなど（接続詞）は〈副詞節〉を作り，**M**になる。

！カタマリ内部の視点

接続詞はカタマリ内部で自分自身に役割なし（⑤・⓪・ⓒ・Ⓜの役割を担えない）。すなわち，カタマリ内部で，接続詞以外の語句で文が完成する。

❶ 名詞節も作りうる接続詞

	副詞節	名詞節
if SV ...	もし…なら	…かどうか
whether SV ... or 〜	…であれ〜であれ	…か〜か
whether SV ... or not	…であろうとなかろうと	…かどうか
that SV ...	so 形・副 / such (a +) 形+名 〈that SV ...〉 とても〜なので… / …するほど〜	…こと
	感情の形容詞・分詞+〈that SV ...〉 …なので 理由	

❷ 副詞節しか作らない接続詞：大量にある。以下，注意すべきものをまとめる。

the moment SV ... …する瞬間に，…するとすぐに	once SV ... いったん…すると［すれば］	even though SV ... …だが，…にもかかわらず	in that SV ... …という点で，…なので
provided (that) SV ... …ならば，…という条件で	as long as SV ... …ならば，…する限りは	unless SV ... …しない限り	now that SV ... 今や［今では］…なので

ドリル 1 2 3 4　文構造を意識して，例文にならって，練習❶〜❹の灰色の部分をなぞりましょう。 73

例文

カタマリ内部の視点 接続詞whetherに役割はなく，whether以外で文が完成している。

(1) She shows respect 〈 for everyone 〉〈 whether they are younger or older 〉.
　　 S　　V　　　O　　　　　　M　　　　　　M

文全体の視点 whether節〈whether they are younger or older〉が，副詞節（M）。接続詞whetherは［名詞節］を作る可能性もあるが，今回のwhether節はS・O・Cの役割を担っていないため，名詞節とは考えられない。

〈（彼らが）年下であろうと年上であろうと〉，彼女はみんなに敬意を示す。

□ 練習 ❶

カタマリ内部の視点 接続詞thatに役割はなく，that以外で文が完成している。

(2) He is 〈 so 〉 brilliant 〈 that everyone admires him 〉.
　　 S　V　 M　　 C　　　　　　M

📝 admire 動
〜を称賛する

文全体の視点 that節〈that everyone admires him〉が，副詞節（M）。接続詞thatは［名詞節］を作る可能性もあるが，今回のthat節はS・O・Cの役割を担っていないため，名詞節とは考えられない。

《程度訳》〈全員が彼を賞賛するほど〉，彼は優秀だ。

《因果訳》彼はとても優秀なので，〈全員が彼を賞賛している〉。

練習 2

接続詞thatに役割はなく, that以外で文が完成している。

(3) Our boss is angry 〈 that we ignored his instructions 〉.
    S   V   C   M
（S・V・O の上に記号）

✎ instruction 名
指示

文全体の視点 that節〈that we ignored his instructions〉が, 副詞節 (M)。接続詞thatは［名詞節］を作る可能性もあるが, 今回のthat節はS・O・Cの役割を担っていないため, 名詞節とは考えられない。副詞節を作る接続詞thatは, 感情の原因「…なので」を示す用法がある。

私たちの上司は, 〈私たちが彼の指示を無視したので〉, 怒っている。

練習 3

接続詞as long asに役割はなく, as long as以外で文が完成している。

(4) I will lend you my camera 〈 as long as you use it 〈 carefully 〉〉.
  S   V   O₁   O₂   M

文全体の視点 as long as節〈as long as you use it carefully〉が, 副詞節 (M)。接続詞as long asは, そもそも〈副詞節〉しか作ることができない。「…ならば, …する限りは」と訳す。

〈あなたが（それを）注意して使うなら〉, 私はあなたに私のカメラを貸してあげます。

練習 4

接続詞onceに役割はなく, once以外で文が完成している。

(5) 〈 Once you learn the basic rules 〉, this game is interesting.
  M   S   V   C

✎ basic 形
基本的な

文全体の視点 once節〈Once you learn the basic rules〉が, 副詞節 (M)。接続詞onceは, そもそも〈副詞節〉しか作ることができない。「いったん…すると［すれば］」と訳す。

〈いったんあなたが基本的なルールを覚えれば〉, このゲームは面白い。

Chapter 4

ドリル 2 1 3 4

文構造を分析しましょう。

73

❶〈副詞のカタマリ〉を見つけて,〈 〉を記しましょう。❷文全体の文の要素を A▶に（S・V・O・C・M）で表しましょう。❸カタマリ内部の文の要素を B▶に（Ⓢ・Ⓥ・Ⓞ・Ⓒ・Ⓜ）で表しましょう。

解答

B▶
☐ (1) She shows respect for everyone whether they are younger or older .
A▶

▶ドリル1
例文

B▶
☐ (2) He is so brilliant that everyone admires him .
A▶

▶ドリル1
練習❶

B▶
☐ (3) Our boss is angry that we ignored his instructions .
A▶

▶ドリル1
練習❷

B▶
☐ (4) I will lend you my camera as long as you use it carefully .
A▶

▶ドリル1
練習❸

B▶
☐ (5) Once you learn the basic rules , this game is interesting .
A▶

▶ドリル1
練習❹

ドリル 3 文構造を分析し，日本語に訳しましょう。

❶〈副詞のカタマリ〉を見つけて，〈 〉を記しましょう。❷文全体の文の要素を **A▶** に（S・V・O・C・M）で表しましょう。❸カタマリ内部の文の要素を **B▶** に（S・V・O・C・M）で表しましょう。❹ 日本語訳▶ の空所を埋めましょう。

B▶
□ (1) The fact remains the same whether you believe it or not .
A▶

日本語訳▶ _____, その事実は同じままだ［変わらない］。

B▶
□ (2) I found the problem so difficult that I asked his advice .
A▶

日本語訳▶《程度訳》私は, _____, その問題は難しいと思った。
　　　　　《因果訳》私は，その問題が _____, 彼の助言を求めた。

B▶
□ (3) I was surprised that he suddenly left the laboratory without explanation .
A▶

日本語訳▶私は, _____, 驚いた。

✎ laboratory 名 実験室, 研究室

B▶
□ (4) Unless people refrain from using fossil fuels , global warming will continue .
A▶

日本語訳▶人々が, _____, 地球温暖化は続くだろう。

✎ global warming 地球温暖化

B▶
□ (5) Now that he doesn't have to work on weekends , he spends more time with his family .
A▶

日本語訳▶_____, 彼はより多くの時間を家族と一緒に過ごしている。

✎ spend O + 副詞（句）　O（時）を〜で過ごす

解 答

(1) The fact remains the same 〈whether you believe it or not〉 .
　　 S　　　V　　　　C　　　M　　　　　　 Ⓢ 　Ⓥ　 Ⓞ
　　〈あなたが（それを）信じようと信じまいと〉, その事実は同じままだ［変わらない］。

(2) I found the problem 〈so〉 difficult 〈that I asked his advice〉 .
　　 S　V　　　 O　　　　M　 C　　　　　 Ⓢ　Ⓥ　　Ⓞ
　　《程度訳》私は,〈彼の助言を求めるほど〉, その問題は難しいと思った。
　　《因果訳》私は，その問題がとても難しいと思った〈ので, 彼の助言を求めた〉。

(3) I was surprised 〈that he 〈suddenly〉 left the laboratory 〈without explanation〉〉 .
　　 S　V　　 C　　　　 Ⓢ　 Ⓜ 　　　 Ⓥ　　 Ⓞ　　　　　Ⓜ
　　　　　　 M
　　私は,〈彼が説明もなく突然その実験室を出たので〉, 驚いた。

(4) 〈Unless people refrain 〈from using fossil fuels〉〉 , global warming will continue .
　　　　 Ⓢ　　 Ⓥ　　　　Ⓜ　　　　　　　　　 S　　　　　 V
　　 M
　　〈人々が, 化石燃料を使うのを控えない限り〉, 地球温暖化は続くだろう。

(5) 〈Now that he doesn't have to work 〈on weekends〉〉 , he spends more time 〈with his family〉 .
　　　　 Ⓢ　　　　 Ⓥ　　　　　 Ⓜ　　　　　　 S　 V　　 O　　　 M
　　 M
　　〈今や［今では］, 彼は週末に働かなくてもよいので〉, 彼はより多くの時間を家族と一緒に過ごしている。

ドリル

123**4**

文構造を分析し，日本語に訳しましょう。

75

❶〈副詞のカタマリ〉を見つけて，〈　〉を記しましょう。❷文全体の文の要素を**A▶**に（S・V・O・C・M）で表しましょう。❸カタマリ内部の文の要素を**B▶**に（Ⓢ・Ⓥ・Ⓞ・Ⓒ・Ⓜ）で表しましょう。❹ 日本語訳 ▶に訳を記しましょう。

□ **B▶** (1) Whether there is a dress code or not , you must wear appropriate clothes .
A▶

日本語訳 ▶＿＿＿＿＿＿＿＿＿＿＿＿＿＿＿＿＿＿＿＿＿＿＿＿＿＿＿＿＿＿＿＿

✎ dress code　服装規定，ドレスコード

□ **B▶** (2) Kyoto is such a great city that many foreigners choose it as their travel destination .
A▶

日本語訳 ▶＿＿＿＿＿＿＿＿＿＿＿＿＿＿＿＿＿＿＿＿＿＿＿＿＿＿＿＿＿＿＿＿

✎ travel destination　旅行先

□ **B▶** (3) I was disappointed that she had rejected my proposal .
A▶

日本語訳 ▶＿＿＿＿＿＿＿＿＿＿＿＿＿＿＿＿＿＿＿＿＿＿＿＿＿＿＿＿＿＿＿＿

✎ reject 動 ～を却下する，拒否する／proposal 名 提案

□ **B▶** (4) Children are permitted to swim here provided their parents accompany them .
A▶

日本語訳 ▶＿＿＿＿＿＿＿＿＿＿＿＿＿＿＿＿＿＿＿＿＿＿＿＿＿＿＿＿＿＿＿＿

✎ accompany 動 ～に付き添う

□ **B▶** (5) I recognized her the moment I saw her even though she had changed her hairstyle .
A▶

日本語訳 ▶＿＿＿＿＿＿＿＿＿＿＿＿＿＿＿＿＿＿＿＿＿＿＿＿＿＿＿＿＿＿＿＿

解 答

(1) 〈Whether there Ⓥis a dress code or not〉, you must wear appropriate clothes.
　　 M　　　　　　　　　　　　　　　　S　　V　　　　　O
　　〈服装規定があろうとなかろうと〉，あなたは適切な服を着なければならない。

suchは形容詞で，a great cityを修飾。

(2) Kyoto is such a great city 〈that many foreigners choose it as their travel destination〉.
　　 S　 V　　　 C　　　　 M　　　　　Ⓢ　　　　 Ⓥ　Ⓞ　　　 Ⓒ
　　《程度訳》京都は〈多くの外国人がそれ［京都］を旅行先として選ぶほど〉，素晴らしい都市だ。
　　《因果訳》京都はとても素晴らしい都市なので，〈多くの外国人がそれ［京都］を旅行先として選ぶ〉。

(3) I was disappointed 〈that she had rejected my proposal〉.
　　 S　V　　 C　　　　　　Ⓢ　　Ⓥ　　　 Ⓞ　　Ⓜ
　　〈彼女が私の提案を却下したので〉，私はがっかりした。

(4) Children are permitted to swim 〈here〉〈provided their parents accompany them〉.
　　 S　　　 V　　　　　　 M　　　　　　　　Ⓢ　　　 Ⓥ　　　 Ⓞ
　　〈（子どもの）親が彼ら［子ども］に付き添うならば［付き添うという条件で］〉，子どもはここで泳ぐことが許されている。

(5) I recognized her 〈the moment Ⓢ I Ⓥ saw Ⓞ her〉〈even though she had changed her hairstyle〉.
　　 S　　 V　　 O　 M　　　　　　　　 M　　　　　　Ⓢ　　　Ⓥ　　　　Ⓞ
　　〈彼女は髪型を変えていたにもかかわらず［変えていたが］〉，〈彼女を見た瞬間に［見てすぐに］〉，私は彼女だと分かった。

「準動詞の意味上の主語」を始める前に

Chapter5では,「準動詞の意味上の主語」について整理します。

1 準動詞の意味上の主語

学習ページ ▶ p.116, p.120

　準動詞は,動詞を不定詞・動名詞・分詞に変形したものの総称です。元々「動詞」だったものを変形したわけですから,準動詞にも「**主語**」が存在し,「**準動詞の意味上の主語**」(以下,「準動詞の主語」)と呼びます。例えば,下の例文を見てください。

【例文❶】

> ① **In order to survive**, we had to change something.
> ② I oppose **living alone**.
> ③ They were asleep, **knowing nothing about the accident**.

　それぞれ太字の部分が,①は不定詞,②は動名詞,③は分詞構文です。太字部分はすべて「**動詞が変形された形(to survive / living / knowing)**」から始まっており,「準動詞の主語」らしき表現がありません。このように,**「準動詞の主語」が記されていない場合,「準動詞の主語(Ⓢ)」は「文の主語(S)」と一致する**という原則があります。以下の分析で確認しましょう。

【例文❶】の分析

① 不定詞	Ⓥ ◀—— Ⓢ 〈**In order to survive**〉, we had to change something. M 　　　　　　　　　S 　　V 　　　　O
	(私たちが)生き残るために,私たちは何かを変えなければならなかった。
② 動名詞	Ⓢ ——▶ Ⓥ 　　Ⓜ I oppose [**living** 〈**alone**〉]. S 　V 　　O
	私は,(私が)1人で暮らすことに反対している。
③ 分詞構文	Ⓢ ————————▶ Ⓥ 　　Ⓞ 　　　　Ⓜ They were asleep, 〈**knowing nothing** 〈about the accident〉〉. S 　V 　C 　　　M
	(彼らは)その事故について何も知らずに,彼らは眠っていた。

　一方,「準動詞の主語」が「文の主語」と一致しない場合は,「文の主語(S)」とは異なる「準動詞"専用"の主語(Ⓢ)」が記されます。その記し方は,以下の通りです。

① 主語付き不定詞	for 名詞 to *do* 　　Ⓢ 　　Ⓥ	不定詞(**to do**)の直前に《for 名詞》を付けると,それが「主語(Ⓢ)」を示す
② 主語付き動名詞	名詞+*doing* Ⓢ 　　Ⓥ	動名詞(***doing***)の直前に《名詞》を付けると,それが「主語(Ⓢ)」を示す
③ 主語付き分詞構文	名詞+*doing* / 名詞+*done* Ⓢ 　　Ⓥ 　　Ⓢ 　　Ⓥ受	分詞構文(***doing / done***)の直前に《名詞》を付けると,それが「主語(Ⓢ)」を示す

先ほどの【例文❶】に，青字で「準動詞"専用"の主語」を付けたものが，以下の例文です。「文の主語（S）」と「準動詞の主語（Ⓢ）」を意識して，意味を考えてみましょう。その後，分析で確認しましょう。

【例文❷】

① **In order** for our company **to survive**, we had to change something.

② I oppose my son **living alone**.

③ They were asleep, most of them **knowing nothing about the accident**.

【例文❷】の分析

① 主語付き不定詞	$\langle$**In order** for our company **to survive**$\rangle$, we had to change something. M (Ⓢ) (Ⓥ) S V O 私たちの会社が**生き残るために**，私たちは何かを変えなければならなかった。
② 主語付き動名詞	I oppose [my son **living** $\langle$alone$\rangle$]. S V O (Ⓢ) (Ⓥ) (M) 私は，私の息子が **1 人で暮らすこと**に反対している。
③ 主語付き分詞構文	They were asleep, $\langle$most of them **knowing nothing** $\langle$about the accident$\rangle\rangle$. S V C M (Ⓢ) (Ⓥ) (O) (M) 彼らは眠っていて，彼らの大半は**その事故について何も知らなかった**。

※「文の主語」と「準動詞の主語」が一致しない場合でも，①一般論の場合，②言わなくても文脈や状況から明らかな場合は，「準動詞の主語」を明示しないことがあります。

※ 主語付き分詞構文は「独立分詞構文」と呼ばれます。

2 　with＋主語付き分詞構文

学習ページ ▶ p.120

「主語付き分詞構文」の先頭に，**with**が付くことがあります。つまり，以下のような形です。

with ＋主語付き分詞構文	**with**＋名詞＋*doing* ／ **with** ＋名詞＋*done* (Ⓢ) (Ⓥ) (Ⓢ) (Ⓥ受)

withが付く場合，**付帯状況（…しながら）**を示すことが多く，一般に「**付帯状況のwith**」と呼びます。ただし，理由や条件などのように訳したり，「…し／…で」など，ゆるやかにつないで訳したりすべきことも多いです。よって，訳出は分詞構文（p.106）とほぼ同じと考えて構いません。例えば以下の2文は，ほぼ同意です。

$\langle$**With** everyone looking bored$\rangle$, I changed the topic. (Ⓢ) (Ⓥ) (Ⓒ) $\langle$Everyone looking bored$\rangle$, I changed the topic. (Ⓢ) (Ⓥ) (Ⓒ)	【訳】 皆が退屈しているように見えたので，私は話題を変えた。

1 >>> 意味上の主語① 不定詞

ポイント

⚠ 主語付き不定詞

《for 名詞 to *do*》の形で，不定詞の「意味上の主語」を示す。
　　　Ⓢ　　　Ⓥ

※《for + 目的格》とする場合もある。 （例）**for** him to swim
※訳出は，不定詞の各用法（名詞的用法・形容詞的用法・副詞的用法）の訳出に，「Ⓢが/Ⓢは」を付ける。

名詞的用法 (p.68)	［for Ⓢ to *do*］	Ⓢが…すること
形容詞的用法 (p.90)	名詞（for Ⓢ to *do*）	Ⓢが…する（ための）/…すべき /…できる 名詞
副詞的用法 (p.102)	〈for Ⓢ to *do*〉	《 目的 》Ⓢが…するために
	〈**in order** for Ⓢ to *do*〉	
	形・副〈**enough**〉 〈for Ⓢ to *do*〉	Ⓢが…できるほど（十分に）形・副だ
	〈**too**〉形・副 〈for Ⓢ to *do*〉	《程度訳》Ⓢが…するには 形・副 すぎる
		《因果訳》形・副 すぎて Ⓢは…できない

ドリル 1 234

文構造を意識して，例文にならって，練習❶〜❹の灰色の部分をなぞりましょう。

76

例文

> カタマリ内部の視点 for my sonが，不定詞 (to change the world) の主語を示す。
> to *do*「…すること」➡ for Ⓢ to *do*「Ⓢが…すること」

(1) My dream is ［ for my son to change the world ］.
　　 s　　　 v c　　 Ⓢ　　　　　 Ⓥ　　　　　 Ⓞ

> 文全体の視点 不定詞句 [for my son to change the world]が，補語 (C) の役割を担う名詞句。

私の夢は，私の息子が世界を変えることだ。

練習 ❶

> カタマリ内部の視点 for the countryが，不定詞 (to avoid a recession) の主語を示す。
> to *do*「…すること」➡ for Ⓢ to *do*「Ⓢが…すること」

(2) We consider it impossible ［ for the country to avoid a recession ］.
　　 S　　 V　　 O　　 C　　　　　 Ⓢ　　　　　　 Ⓥ　　　　 Ⓞ

🖉 recession 名
景気後退

> 文全体の視点 形式目的語itが，名詞句 [for the country to avoid a recession]を指している。

私たちは，その国が景気後退を避けることは不可能だと考えている。

練習2

カタマリ内部の視点 目的格 (Ⓞ to Ⓥ) の関係 (p.90)。for herが, 不定詞 (to overcome) の主語を示す。
名詞 to do「…する (ための) / …すべき /…できる名詞」
➡ 名詞 for Ⓢ to do「Ⓢが…する (ための) / …すべき /…できる名詞」

(3) There are a lot of $\boxed{\text{problems}}$ 〈 for her to overcome 〉.

文全体の視点 不定詞句 (for her to overcome) が, 名詞problemsを修飾する形容詞句 (M)。

彼女が克服すべき問題がたくさんある。

カタマリ内部の視点 for herが, 不定詞 (to come in) の主語を示す。
to do「…するために」➡ for Ⓢ to do「Ⓢが…するために」

練習3

(4) I kept the door open 〈 for her to come in 〉.

文全体の視点 不定詞句〈for her to come in〉が,「目的」を示す副詞句 (M)。

彼女が中に入るために, 私はドアを開けたままにした。

カタマリ内部の視点 for the systemが, 不定詞 (to work) の主語を示す。
in order to do「…するために」➡ in order for Ⓢ to do「Ⓢが…するために」

練習4

(5) The update must be completed 〈 in order for the system to work 〉. ✎ update 名 更新

文全体の視点 不定詞句〈in order for the system to work〉が,「目的」を示す副詞句 (M)。

システムが機能するためには, 更新が完了されなければならない。

ドリル 2 文構造を分析しましょう。

🔊 76

❶ [名詞のカタマリ] (形容詞のカタマリ)〈副詞のカタマリ〉を見つけて, それぞれ [ ]( )〈 〉を記しましょう。❷文全体の文の要素を A▶ に (S・V・O・C・M) で表しましょう。❸カタマリ内部の文の要素を B▶ に (Ⓢ・Ⓥ・Ⓞ・Ⓒ・Ⓜ) で表しましょう。

解答

B▶
☐ (1) My dream is for my son to change the world .
A▶

▶ドリル1 例文

B▶
☐ (2) We consider it impossible for the country to avoid a recession .
A▶

▶ドリル1 練習❶

B▶
☐ (3) There are a lot of problems for her to overcome .
A▶

▶ドリル1 練習❷

B▶
☐ (4) I kept the door open for her to come in .
A▶

▶ドリル1 練習❸

B▶
☐ (5) The update must be completed in order for the system to work .
A▶

▶ドリル1 練習❹

文構造を分析し，日本語に訳しましょう。

77

> ❶［名詞のカタマリ］（形容詞のカタマリ）〈副詞のカタマリ〉を見つけて，それぞれ［　］（　）〈　〉を記しましょう。❷文全体の文の要素を **A**▶に（S・V・O・C・M）で表しましょう。❸カタマリ内部の文の要素を **B**▶に（Ⓢ・Ⓥ・Ⓞ・Ⓒ・Ⓜ）で表しましょう。❹日本語訳▶の空所を埋めましょう。

☐ **B**▶ (1) My suggestion is for all employees to participate in the project .
　A▶

日本語訳▶私の提案は, _____ ことだ。

🖉 participate (in 〜) 動 (〜に) 参加する

☐ **B**▶ (2) Social media has made it possible for us to communicate with people we don't know .
　A▶

日本語訳▶ソーシャルメディアは, _____ を可能にした。

☐ **B**▶ (3) There is a matter for us to discuss before the meeting .
　A▶

日本語訳▶_____ 問題がある。

☐ **B**▶ (4) We stepped aside for the teacher to enter the classroom .
　A▶

日本語訳▶_____, 私たちは脇へ寄った。

🖉 step aside　脇に寄る

☐ **B**▶ (5) The evidence was too strong for us to reach any other conclusion .
　A▶

日本語訳▶《程度訳》その証拠は, _____ には, 強力すぎた。
　　　　《因果訳》その証拠は, 強力すぎて, _____。

🖉 reach 動 〜に到達する／conclusion 名 結論

解 答

(1) My suggestion is [for all employees to participate 〈in the project〉] .
　　　　S　　　　　 V C　　Ⓢ　　　　　　　　 Ⓥ　　　　　 Ⓜ
　　私の提案は, すべての従業員がそのプロジェクトに参加する (べきだという) ことだ。

(2) Social media has made it possible [for us to communicate 〈with people 〈we don't know〉〉] .
　　　S　　　　　 V　　 O　 C　 Ⓢ　　 Ⓥ　　　　　 Ⓜ　　　　 Ⓜ
　　《 直訳 》ソーシャルメディアは, 私たちが, 知らない人々とコミュニケーションをとることを可能にした。
　　《因果訳》ソーシャルメディアのおかげで, 私たちは, 知らない人々とコミュニケーションをとることができるようになった。

(3) There is a matter (for us to discuss 〈before the meeting〉) .
　　　 V　　 Ⓞ　　 Ⓢ　 Ⓥ　　　 Ⓜ
　　私たちが会議の前に議論する (べき) 問題がある。

(4) We stepped 〈aside〉 〈for the teacher to enter the classroom〉 .
　　S　 V　　 M　　 M　　 Ⓢ　　　 Ⓥ　　　 Ⓞ
　　その教師が教室に入るために [入れるように], 私たちは脇へ寄った。

(5) The evidence was 〈too〉 strong 〈for us to reach any other conclusion〉 .
　　S　　　 V　 M　 C　 M　 Ⓢ　 Ⓥ　　 Ⓞ
　　《程度訳》その証拠は, 私たちが他の (いかなる) 結論に至るには, 強力すぎた。
　　《因果訳》その証拠は, 強力すぎて, 私たちは他のいかなる結論にも至ることができなかった。

ドリル 1234 文構造を分析し，日本語に訳しましょう。

❶［名詞のカタマリ］（形容詞のカタマリ）〈副詞のカタマリ〉を見つけて，それぞれ ［ ］（ ）〈 〉を記しましょう。❷文全体の文型を **A** に（S・V・O・C・M）で表しましょう。❸カタマリ内部の文型を **B** に（Ⓢ・Ⓥ・Ⓞ・Ⓒ・Ⓜ）で表しましょう。❹ 日本語訳 に訳を記しましょう。

B ▶
☐ (1) It is natural for babies to cry when they are hungry .
A ▶

日本語訳 ▶ _____

🖊 natural 形 当然の

B ▶
☐ (2) The typhoon made it impossible for the factory to continue operation .
A ▶

日本語訳 ▶ _____

🖊 typhoon 名 台風／operation 名 稼働

B ▶
☐ (3) This report includes a lot of information for everyone to know .
A ▶

日本語訳 ▶ _____

🖊 include 動 ～を含んでいる

B ▶
☐ (4) For your presentation to be effective , you should summarize your idea at the end .
A ▶

日本語訳 ▶ _____

🖊 summarize 動 ～を要約する

B ▶
☐ (5) His income was large enough for his family to live a comfortable life .
A ▶

日本語訳 ▶ _____

🖊 income 名 収入／live a ～ life ～な生活を送る

解答

(1) It is natural [for babies to cry 〈when they are hungry〉] .
　　S V C　　　　　Ⓢ　　　Ⓥ　　　Ⓜ
　　赤ん坊が，お腹が空いている時に泣くことは［泣くのは］，当然だ。

(2) The typhoon made it impossible [for the factory to continue operation] .
　　S　　　　V　O　C　　　　　　Ⓢ　　　　　Ⓥ　　　Ⓞ
　　《 直訳 》台風は，その工場が稼働を続けることを不可能にした。
　　《因果訳》台風のせいで，その工場は稼働を続けることが不可能になった［できなかった］。

(3) This report includes a lot of information (for everyone to know) .
　　S　　　　V　　　　　O　　　　　Ⓞ　　　Ⓢ　　　Ⓥ
　　この報告書は，全員が知っておくべき多くの情報を含んでいる。

(4) 〈For your presentation to be effective〉, you should summarize your idea 〈at the end〉 .
　　Ⓜ　　　　Ⓢ　　　Ⓥ　Ⓒ　　　　　S　　　　V　　　　　O　　　Ⓜ
　　あなたのプレゼンが効果的となるために，あなたは，最後に自分の考えを要約するべきだ。

(5) His income was large 〈enough〉 〈for his family to live a comfortable life〉 .
　　S　　　　V　C　　　　　　　　Ⓢ　　　　　Ⓥ　　　Ⓞ
　　彼の収入は，彼の家族が快適な生活を送れるほど，（十分に）高かった。

2 >>> 意味上の主語② 動名詞・分詞構文

ポイント

⚠ 主語付き動名詞

《名詞 + *doing*》の形で，動名詞の「意味上の主語」を示す。
　　ⓈＶ

※《目的格または所有格 + *doing*》とする場合もある。(例) him/his swimming

※訳出は，動名詞「…すること」に「Ⓢが」を付けて，「Ⓢが…すること」とする。

⚠ 主語付き分詞構文（独立分詞構文）

《名詞 + *doing*》，《名詞 + *done*》の形で，分詞構文の「意味上の主語」を示す。
　　ⓈＶ　　　　ⓈＶ受

※訳出は，分詞構文の訳出に，「Ⓢが/Ⓢは」を付ける。

> 【分詞構文の訳出】※Ａ・Ｂのいずれかで訳す。どちらで訳してもよい場合も多い。(p.106 参照)
> Ａ ゆるやかにつなぐ：「Ⓢが…し（ており），Ⓢが…すると，Ⓢが…で」など
>
> Ｂ 接続詞のようにつなぐ：
> 　　①《付帯状況》Ⓢが…しながら　②《理由》Ⓢが…ので
> 　　③《条件》Ⓢがもし…なら　　④《時》Ⓢが…時に

⚠ with + 主語付き分詞構文（付帯状況のwith）

「主語付き分詞構文」の先頭に，withが付されることがある。

つまり，《with + 名詞 + *doing*》，《with + 名詞 + *done*》の形となることがある。
　　　　　　　　　　ⓈＶ　　　　　　　　　　ⓈＶ受

※訳出は，上記の【分詞構文の訳出】と同じと考えてよい。

ドリル 1 2 3 4　文構造を意識して，例文にならって，練習❶～❹の灰色の部分をなぞりましょう。

 79

例文

> カタマリ内部の視点 hisが, 動名詞 (marrying ...)の主語を示す。*doing*「…すること」 ➡ 目的格/所有格 + *doing*「Ⓢが…すること」
> 　　Ⓢ

　　　　　　　　　　　　　　　　Ⓢ　　　Ｖ　　　　　Ｏ
(1) I couldn't imagine [his marrying such a beautiful lady].
　　Ｓ　　　Ｖ　　　Ｏ

✎ marry 動
〜と結婚する

> 文全体の視点 動名詞句 [his marrying such a beautiful lady]が, 目的語 (Ｏ) の役割を担う名詞句。

　私は，彼がそのような美しい女性と結婚することを［結婚するのを］想像できなかった。

練習❶

> カタマリ内部の視点 her sonが, 動名詞 (being ...)の主語を示す。*doing*「…すること」 ➡ 所有格/目的格 + *doing*「Ⓢが…すること」
> 　　　Ⓢ

　　　　　　　　　　　　　　　　　　　　　　Ⓢ　　　　Ｖ　　　Ｃ
(2) She apologized 〈 to me 〉〈 for [her son being rude]〉.
　　Ｓ　　　Ｖ　　　　　Ｍ　　　Ｍ 前　前のＯ

✎ rude 形
失礼な

> 文全体の視点 動名詞句 [her son being rude]が, forの目的語 (前置詞のＯ) の役割を担う名詞句。

　彼女は，彼女の息子が失礼であることについて，私に謝罪した。

練習2

カタマリ内部の視点 The weatherが, 分詞構文(being bad)の主語を示す。
《元の形》The weather was bad.
⎯⎯⎯⎯ ⎯⎯ ⎯⎯
(S) (V) (C)

(3) 〈 The weather being bad 〉, we stayed 〈 home 〉.
　　 (S)　　　　(V)　　(C)　　　 S　　 V　　　 M
　　 M

文全体の視点 現在分詞句〈The weather being bad〉が, 副詞句(M)。すなわち, 分詞構文。

天気が悪くて［悪かったので］, 私たちは家にいた。

練習3

カタマリ内部の視点 Their houseが, 分詞構文(destroyed by the flood)の主語を示す。
《元の形》Their house was destroyed ▲〈by the flood〉.
　　　　 ⎯⎯⎯⎯⎯ ⎯⎯⎯⎯⎯⎯⎯ 　　受動態なのでOが1つ減る
　　　　 (S)　　 (V)受

(4) 〈 Their house destroyed 〈 by the flood 〉〉, they lived 〈 in temporary housing 〉.
　　 (S)　　　　(V)受　　　 (M)　　　　 S　　 V　　　 M
　　 M

文全体の視点 過去分詞句〈Their house destroyed by the flood〉が, 副詞句(M)。すなわち, 分詞構文。

彼らの家が洪水によって破壊され（たので）, 彼らは仮設住宅に住んでいた。

練習4

カタマリ内部の視点 Christmasが, 分詞構文(approaching)の主語を示す。この文のように, 分詞構文に主語が付く場合, 先頭にwithが付くことがある。withがあろうがなかろうが, 意味に大差はない。《元の形》Christmas was approaching.
　　　　　　　　　　　　　　　　　　　　　　　　　　　　　　　　　　(S)　　　(V)

(5) 〈 With Christmas approaching 〉, Jessica bought a cap 〈 for her boyfriend 〉.
　　　　　　 (S)　　　 (V)　　　　 S　　　 V　　 O　　 M
　　 M

文全体の視点 現在分詞句〈With Christmas approaching〉が, 副詞句(M)。すなわち, 分詞構文。

クリスマスが近づいてきて［近づいてきたので］, ジェシカは, 彼氏に帽子を買った。

ドリル 1 **2** 3 4 文構造を分析しましょう。

79

❶［名詞のカタマリ］〈副詞のカタマリ〉を見つけて, それぞれ［　］〈　〉を記しましょう。❷文全体の文の要素を A に (S・V・O・C・M) で表しましょう。❸カタマリ内部の文の要素を B に (S・V・O・C・M) で表しましょう。

解答

B▶
□(1) I couldn't imagine his marrying such a beautiful lady .
A▶

▶ドリル1
例文

B▶
□(2) She apologized to me for her son being rude .
A▶

▶ドリル1
練習❶

B▶
□(3) The weather being bad , we stayed home .
A▶

▶ドリル1
練習❷

B▶
□(4) Their house destroyed by the flood , they lived in temporary housing .
A▶

▶ドリル1
練習❸

B▶
□(5) With Christmas approaching , Jessica bought a cap for her boyfriend .
A▶

▶ドリル1
練習❹

80

ドリル ③ 1234

文構造を分析し，日本語に訳しましょう。

❶［名詞のカタマリ］〈副詞のカタマリ〉を見つけて，それぞれ［　］〈　〉を記しましょう。❷文全体の文の要素を▲に（S・V・O・C・M）で表しましょう。❸カタマリ内部の文の要素を国▶に（Ⓢ・Ⓥ・Ⓞ・Ⓒ・Ⓜ）で表しましょう。❹ 日本語訳 の空所を埋めましょう。

□(1) I don't mind his criticizing me .

日本語訳▶私は，＿＿＿＿＿＿＿＿＿＿＿＿＿＿＿＿＿＿＿＿＿＿＿＿＿＿＿ことを気にしない。

□(2) A lack of concentration resulted in the driver causing a terrible accident .

日本語訳▶集中力の不足が，＿＿＿＿＿＿＿＿＿＿＿＿＿＿＿＿＿＿＿という結果をもたらした。

✎ concentration 图 集中力／result in ～　～という結果になる

□(3) The members were divided into five groups , each playing a specialized role .

日本語訳▶メンバーは5つのグループに分けられ，＿＿＿＿＿＿＿＿＿＿＿＿＿＿＿＿＿。

✎ play a ～ role　～な役割を果たす／specialized 形 専門の

□(4) All things considered , his opinion is quite reasonable .

日本語訳▶＿＿＿＿＿＿＿＿＿＿＿＿＿＿＿＿＿＿＿，彼の意見は極めて理にかなっている。

✎ reasonable 形 理にかなった

□(5) The project failed with every member of the team blaming the failure on me .

日本語訳▶そのプロジェクトは失敗し，＿＿＿＿＿＿＿＿＿＿＿＿＿＿＿＿＿＿＿＿＿＿。

✎ fail 動 失敗する／blame O on ～ 動 Oを～のせいにする

解答

(1) I don't mind [his criticizing me] .
　　S　　V　　Ⓢ　　Ⓥ　　Ⓞ
　　　　　　　O
　　私は，彼が私を批判することを気にしない。

(2) A lack (of concentration) resulted 〈in [the driver causing a terrible accident]〉.
　　S　　　M　　　　　　V　　M前 前のO　Ⓢ　　　　Ⓥ　　　　Ⓞ
　　《 直訳 》集中力の不足が，その運転手が悲惨な事故を起こすという結果をもたらした。
　　《因果訳》集中力の不足のせいで［によって／が原因で］，その運転手は悲惨な事故を起こした。

(3) The members were divided 〈into five groups〉, 〈each playing a specialized role〉.
　　S　　　　V　　　　　　M　　　　　Ⓢ　Ⓥ　　　Ⓞ
　　メンバーは5つのグループに分けられ，それぞれが専門の役割を果たした。

(4) 〈All things considered〉, his opinion is 〈quite〉 reasonable.
　　Ⓢ　　　Ⓥ受　　　　S　　V　M　　C
　　M
　　すべてのことが考慮されると［あらゆることを考慮すると］，彼の意見は極めて理にかなっている。

(5) The project failed 〈with every member (of the team) blaming the failure 〈on me〉〉.
　　S　　　V　M　　　Ⓢ　　　　M　　　Ⓥ　　　Ⓞ　　　Ⓜ
　　そのプロジェクトは失敗し，チームのメンバー全員が，その失敗を私のせいにした。

ドリル 123④ 文構造を分析し，日本語に訳しましょう。

81

> ❶［名詞のカタマリ］〈副詞のカタマリ〉を見つけて，それぞれ［　］〈　〉を記しましょう。❷文全体の文の要素を Ⓐ に (S・V・O・C・M) で表しましょう。❸カタマリ内部の文の要素を Ⓑ に (Ⓢ・Ⓥ・Ⓞ・Ⓒ・Ⓜ) で表しましょう。❹日本語訳 に訳を記しましょう。

☐ **(1)** Ⓑ There is little possibility of Japanese becoming a global language .
Ⓐ

日本語訳 _____

✎ possibility 名 可能性／global language　世界言語, 地球言語

☐ **(2)** Ⓑ Several factors led to the employees suffering from stress .
Ⓐ

日本語訳 _____

✎ factor 名 要因／lead to ～　～につながる／suffer from ～　～に苦しむ

☐ **(3)** Ⓑ No one having anything more to say , the meeting ended .
Ⓐ

日本語訳 _____

☐ **(4)** Ⓑ Its historical importance recognized , the temple has been preserved for decades .
Ⓐ

日本語訳 _____

✎ preserve 動 ～を保護する／decade 名 十年間

☐ **(5)** Ⓑ With both eyes looking in the same direction , owls can focus on things easily .
Ⓐ

日本語訳 _____

✎ direction 名 方向／owl 名 フクロウ／focus (on ～) 動 (～に)焦点を合わせる

解 答

(1) There is little possibility (of [Japanese becoming a global language]) .
　　　 V　　　 S　　　　　　　 M前 前のO
日本語が世界言語［地球言語］になる可能性はほとんどない。

(2) Several factors led 〈to [the employees suffering 〈from stress〉]〉 .
　　　 S　　　　 V M前 前のO
《 直訳 》いくつかの要因が，その従業員たちがストレスに苦しむことにつながった。
《因果訳》いくつかの要因によって，その従業員たちはストレスに苦しんだ。

(3) 〈No one having anything more (to say)〉, the meeting ended .
　　　 M　　　　　　　　　　　　　 S　　 V
誰もそれ以上言うことがなかったので，その会議は終わった。

(4) 〈Its historical importance recognized〉, the temple has been preserved 〈for decades〉 .
　　　 M　　　　　　　　　　　　 S　　　　 V　　　　　　　 M
その［その寺の］歴史的な重要性が認識されており［認識されているため］,その寺は数十年の間, 保護されてきた。

(5) 〈With both eyes looking 〈in the same direction〉〉, owls can focus 〈on things〉 〈easily〉 .
　　　 M　　　　　　　　　　　　　　　　　　　　 S　　 V　　　 M　　　 M
両眼が同じ方向を見ていて［見ているため］, フクロウは簡単に物に焦点を合わせられる。

「その他の重要事項」を始める前に

1　名詞句に潜む"文の関係性"を捉える（名詞構文）　　学習ページ ▶ p.126

　英語には「名詞を好む」という特性があり，**文（S＋V …）を使っても表現できることを，あえて「名詞句」で表現することがあります**。名詞にいくつかの修飾語句を付けることで，「文」を「名詞句」に"圧縮"して表現するのです。例えば，以下の名詞句を見てください。

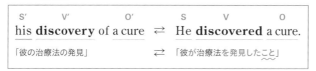

his **discovery** of a cure「彼の 治療法の 発見」

　名詞discoveryに対して，2つの修飾語句（hisとof a cure）が付いています。そのまま日本語に訳すと，「彼の治療法の発見」となりますが，この日本語はややかたい印象を受けますよね。日本語では，1つの名詞に修飾語句をたくさん付けて，「〜の」でつなぎ過ぎると，かたくなる［不自然になる］ことが多いのです。そこで，**英語で書かれた「名詞句」に潜む"文の関係性"を把握し，「文（＋こと）」のように訳すと，より自然な日本語訳になります**。

S'　　V'　　　　O'		S　　V　　　　O
his **discovery** of a cure	⇄	He **discovered** a cure.
「彼の治療法の発見」	⇄	「彼が治療法を発見したこと」

　このように，名詞句に"文の関係性"が潜む形を「**名詞構文**」と呼びます。名詞構文に気付くためには，「**元々"動詞"である名詞**」を見たら「**V'**」と，「**元々"形容詞"である名詞**」を見たら「**C'**」と捉える習慣を付けることが重要です。

2　Sを"副詞"的に捉える（無生物主語構文）　　学習ページ ▶ p.130

　主語は「〜は，〜が」と訳すのが原則ですが，「**〜なので，〜によって，〜時に**」など，**主語を副詞的に訳す方が自然になることがあります**。無生物（人ではない名詞）が主語に置かれた場合にこの傾向があるため，一般に「**無生物主語構文**」と呼びます。「無生物主語構文」は，上記の「名詞構文」と共存することも多いです。以下がその例です。

S'　　V'　　　　O'		⑤　　　ⓥ　　　　ⓞ
[His discovery of a cure] saved many lives.	⇄	〈Because he discovered a cure〉, many lives were saved.
S　　　　　　　　　V　　　　O		S　　　　V
「彼の治療法の発見は，多くの命を救った。」	⇄	「彼が治療法を発見したので，多くの命は救われた。」

3 同格　　　　　　　　　　　　　　　　　　　　学習ページ p.134

まず，以下の例文を見てください。

$$\underset{\text{S}}{\text{Tom,}} \; \underset{}{\textbf{my friend,}} \; \underset{\text{V}}{\text{is}} \; \underset{\text{C}}{\text{a doctor.}}$$

my friendは「名詞」ですが，この名詞の役割は何でしょうか。Chapter1で学んだ通り，名詞は「S・O・C・前置詞のO」の4つの役割を担えますが，例文のmy friendは，この4つのうちどの役割も担っていません。このように，「**S・O・C・前置詞のO」の役割を担っていない名詞を見つけたら，「同格」である可能性を考えてください。「同格」は，名詞に対して「補足説明」や「具体内容」を示す形です。**例文のmy friendは，直前のTomに対する「補足説明」の役割を果たしており，「Tom＝my friend」の関係が成り立ちます。

Tom, **my friend**, is a doctor.　「私の友達であるトムは，医者だ。」
S └ ＝ ┘　　　　　 V　C

4 並列と共通　　　　　　　　　　　　　　　　　　学習ページ p.138

　左右で同じ形をつなぐ接続詞を「**等位接続詞**」と呼びます。等位接続詞の代表例は，**and / but / or**です。また，同じ形を等位接続詞でつなぐことを「**並列**」，並列の左右にある要素を「**共通**」と呼びます。**等位接続詞を見たら，「何と何をつないでいるのか」と「共通の要素は何か」を把握する意識が重要です。**

5 強調構文　　　　　　　　　　　　　　　　　　　学習ページ p.142

　強調したい要素を It is と that の間に挟み，残りの要素を that の後ろに置くことによって，It is と that の間に挟まれた部分が強調されます。この形を「**強調構文**」と呼びます。

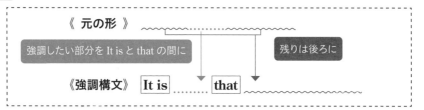

6 倒置　　　　　　　　　　　　　　　　　　　　　学習ページ p.146

　本来の語順とは異なる"イレギュラーな語順"のことを「**倒置**」と呼びます。これには一定のパターンがあります。倒置に「**どのようなパターンがあるのか」を知る**ことに加えて，倒置に「**どのように気付くのか**」も大切です。

1 >>> 名詞句に潜む"文の関係性"を捉える　名詞構文

ポイント

「文」でも表現できることを「名詞句」に"圧縮"することがあり，「名詞構文」と呼ぶ。無生物主語構文（p.130）と共存することが多い。

❶「元々"動詞"である名詞」を見たら，それを「V'」と捉え，周辺から「S'」や「O'」となりそうな表現を探す。

> (例) the arrival of the train （←The train will arrive [arrived]. の関係）
>   V'   S'   S   V
> 電車が到着する[した]こと

❷「元々"形容詞"である名詞」を見たら，それを「C'」と捉え，周辺から「S'」となりそうな表現を探す。

> (例) his sadness （←He is [was] sad. の関係）
>   S' C'   S V   C
> 彼が悲しんでいる[いた]こと

主語（S'）の現れ方		目的語（O'）の現れ方	
①所有格	**his** arrival S' V' 彼が到着する[した]こと	①所有格	**her** protection O' V' 彼女を保護する[した]こと
② of	the arrival **of** the train V' S' 電車が到着する[した]こと	② of	the education **of** children V' O' 子どもを教育する[した]こと
③ by	the education **by** parents V' S' 親が教育する[した]こと	③ その他の前置詞 ・influence / effect **on** ～ 　V' O' 　～に影響を与える[与えた]こと	
④ **on the part of**	the rudeness **on the part of** my son C' S' 息子が失礼である[であった]こと	・control / rule **over** ～ 　V' O' 　～を支配する[した]こと ・resemblance / approach **to** ～ 　V' O' 　～に似ている[いた] / 接近する[した]こと	

※時制，態は文脈次第である。また，S'とO'がすべてそろうとは限らない。
※上記の訳例では「…こと」としているが，実際には文脈に応じて訳す。

ドリル 1 2 3 4 　文構造を意識して，例文にならって，練習❶～❹の灰色の部分をなぞりましょう。

 82

例文

名詞構文 | He knew the fact. の関係。
S　V　O

(1) I was surprised 〈 at his knowledge of the fact 〉.
  S V   C   M   S'   V'   O'

私は，彼がその事実を知っていることに驚いた。

名詞構文 | The train arrived. の関係。
　　　　　　 S　　V

V'　　　　　　　　　S'
(2) 〈 On the arrival of the train 〉, I heard a strange noise.
　　M　　　　　　　　　　　　　　　　　　 S　 V　　　O

電車が到着した時，奇妙な音が聞こえた。

名詞構文 | TV influences teenagers. の関係。
　　　　　　 S　　V　　　　O

　　　　　　　　　　　　 V'　　　　　　　　 S'　　　　　 O'
(3) He lacks concern 〈 for the influence of TV on teenagers 〉.
　　 S　　V　　 O　　　 M

🔖 lack 動
〜が欠けている

彼は，テレビが10代の若者たちに与える影響への関心が欠けている。

名詞構文 | He is honest. の関係。
　　　　　　 S　v　 C

　　　　　　　　　　 S'　　C'
(4) I am certain 〈 of his honesty 〉.
　　 S　V　 C　　 M

🔖 certain (of 〜) 形
（〜を）確信して

私は，彼が正直であると確信している。

名詞構文 | Wisdom is superior to knowledge. の関係。　※ be superior to 〜「〜より優れている」
　　　　　　 S　 v　　 C

　　　　　　　　　　　　　　 C'　　　　　　 S'
(5) This book illustrates [the superiority of wisdom to knowledge].
　　　 S　　　　 V　　　　 O

この本は，知恵が知識よりも優れているということを例証している。

Chapter
6

ドリル 1 2 3 4　文構造を分析しましょう。

🔊 82

❶[名詞のカタマリ]（形容詞のカタマリ）〈副詞のカタマリ〉を見つけて，それぞれ[　]（　）〈　〉を記しましょう。❷文の要素を **A▶** に (S・V・O・C・M) で表しましょう。❸名詞構文を探し，**B▶** に (S'・V'・O'・C') で表しましょう。

解答

B▶
□ (1) I was surprised at his knowledge of the fact .
A▶

▶ドリル1
例文

B▶
□ (2) On the arrival of the train , I heard a strange noise .
A▶

▶ドリル1
練習 ❶

B▶
□ (3) He lacks concern for the influence of TV on teenagers .
A▶

▶ドリル1
練習 ❷

B▶
□ (4) I am certain of his honesty .
A▶

▶ドリル1
練習 ❸

B▶
□ (5) This book illustrates the superiority of wisdom to knowledge .
A▶

▶ドリル1
練習 ❹

ドリル 3

文構造を分析し，日本語に訳しましょう。

❶［名詞のカタマリ］（形容詞のカタマリ）〈副詞のカタマリ〉を見つけて，それぞれ［　］（　）〈　〉を記しましょう。❷文の要素を **A▶** に（S・V・O・C・M）で表しましょう。❸名詞構文を探し，**B▶** に（S'・V'・O'・C'）で表しましょう。❹**日本語訳▶** の空所を埋めましょう。

☐ **B▶** (1) It was illegal to deny the story of God's creation of man .
A▶

日本語訳▶ ＿＿＿＿＿＿＿＿＿＿＿＿＿＿＿＿＿＿＿＿＿＿＿＿＿＿＿＿＿＿＿ という話を否定することは，違法であった。

🔖 illegal 形 違法の／deny 動 ～を否定する／creation 名 創造 > create 動 ～を創造する

☐ **B▶** (2) The education of children by their parents seems difficult .
A▶

日本語訳▶ ＿＿＿＿＿＿＿＿＿＿＿＿＿＿＿＿＿＿＿＿＿＿＿＿＿＿＿＿＿＿＿＿＿＿ は，難しいようだ。

☐ **B▶** (3) He is popular with girls because of his resemblance to a popular actor .
A▶

日本語訳▶ ＿＿＿＿＿＿＿＿＿＿＿＿＿＿＿＿＿＿＿＿＿＿＿＿＿＿＿＿＿ ので，（彼は）女の子に人気だ。

🔖 resemblance (to ～) 名 （～との）類似 > resemble 動 ～に似ている

☐ **B▶** (4) The equality of men and women is a fundamental principle .
A▶

日本語訳▶ ＿＿＿＿＿＿＿＿＿＿＿＿＿＿＿＿＿＿＿＿＿＿＿＿＿＿＿＿＿ は，根本的な原則である。

🔖 equality 名 平等 > equal 形 平等である／fundamental 形 根本的な，基本的な／principle 名 原則

☐ **B▶** (5) Some people challenge the view of the Japanese as a diligent people .
A▶

日本語訳▶ 一部の人は，＿＿＿＿＿＿＿＿＿＿＿＿＿＿＿＿＿＿＿＿＿＿＿＿＿＿＿＿＿ に異議を唱えている。

🔖 challenge 動 ～に異議を唱える，～に疑念を呈する／view 名 見解 > view O as C 動 OをCだと見なす

解答

(1) It was illegal ［to deny the story of God's creation of man］ .
　　S　V　　C　　　　　　　　　　　　　　　　S'　　　V'　　　O'
神が人間を創造したという話を否定することは，違法であった。

(2) ［The education of children by their parents］ seems difficult.
　　S　　　　　　V'　　　　　O'　　　　　　S'　　　　V　　C
親が子どもを教育することは，難しいようだ。

(3) He is popular 〈with girls〉〈because of his resemblance to a popular actor〉 .
　　S　V　　C　　　　M　　　　　M　　　　　　　S'　　　V'　　　　　O'
彼はある人気俳優に似ているので，（彼は）女の子に人気だ。

(4) ［The equality of men and women］ is a fundamental principle.
　　S　　C'　　　　S'　　　　　　　V　　　　　　C
男女が平等であること［男女平等］は，根本的な原則である。

(5) Some people challenge ［the view of the Japanese as a diligent people］ .
　　　　S　　　　V　　　　O　V'　　　　　O'　　　　　　C'
一部の人は，日本人を勤勉な国民だと見なすこと［日本人は勤勉な国民だという見方］に異議を唱えている。

ドリル 123 4 文構造を分析し，日本語に訳しましょう。

❶[名詞のカタマリ]（形容詞のカタマリ）〈副詞のカタマリ〉を見つけて，それぞれ[　]（　）〈　〉を記しましょう。❷文の要素を **A▶** に（S・V・O・C・M）で表しましょう。❸名詞構文を探し，**B▶** に（S'・V'・O'・C'）で表しましょう。❹ **日本語訳▶** に訳を記しましょう。

☐ **B▶** (1) We had to change our tactics due to the enemy's destruction of the city .
A▶

日本語訳▶ ＿＿＿＿＿＿＿＿＿＿＿＿＿＿＿＿＿＿＿＿＿＿＿＿＿＿＿＿＿＿＿＿＿＿

🖉 tactics 图 作戦／due to 〜　〜が原因で，〜のせいで／enemy 图 敵／destruction 图 破壊＞destroy 動 〜を破壊する

☐ **B▶** (2) I have to apologize for the mistake on the part of my secretary .
A▶

日本語訳▶ ＿＿＿＿＿＿＿＿＿＿＿＿＿＿＿＿＿＿＿＿＿＿＿＿＿＿＿＿＿＿＿＿＿＿

☐ **B▶** (3) This novel depicts the age of the king's rule over the country .
A▶

日本語訳▶ ＿＿＿＿＿＿＿＿＿＿＿＿＿＿＿＿＿＿＿＿＿＿＿＿＿＿＿＿＿＿＿＿＿＿

🖉 depict 動 〜を描く／rule (over 〜) 图 （〜に対する）支配＞rule 動 〜を支配する

☐ **B▶** (4) The teacher didn't notice her assistant's absence .
A▶

日本語訳▶ ＿＿＿＿＿＿＿＿＿＿＿＿＿＿＿＿＿＿＿＿＿＿＿＿＿＿＿＿＿＿＿＿＿＿

🖉 notice 動 〜に気付く／assistant 图 アシスタント／absence 图 いないこと，欠席，欠勤＞absent 形 いない，欠席して，欠勤して

☐ **B▶** (5) The application of psychology to education is thought to be effective .
A▶

日本語訳▶ ＿＿＿＿＿＿＿＿＿＿＿＿＿＿＿＿＿＿＿＿＿＿＿＿＿＿＿＿＿＿＿＿＿＿

🖉 application 图 応用＞apply O to 〜　Oを〜に応用する

Chapter 6

解 答

(1) We had to change our tactics 〈due to the enemy's destruction of the city〉 .
　　S 　　V 　　　　O 　　　　　　　　M（S'　　　　　V'　　　O'）
敵がその都市を破壊したせいで，私たちは作戦を変えなければならなかった。

(2) I have to apologize 〈for the mistake on the part of my secretary〉 .
　　S 　　V 　　　　　　M（　　V'　　　　　　　　　　　S'）
私の秘書がミスをしたことに対して，私は謝罪しなければならない。

(3) This novel depicts the age (of the king's rule over the country) .
　　S 　　　V 　　　O 　　M（　　S'　　V'　　O'）
この小説は，国王がその国を支配していた時代を描いている。

(4) The teacher didn't notice [her assistant's absence] .
　　S 　　　V 　　　O（S'　　　　　C'）
その教師は，彼女のアシスタントがいないことに気付かなかった。

(5) [The application of psychology to education] is thought to be effective.
　　S（V'　　　　O'　　　　　　　）V 　　　　　C
心理学を教育に応用することは，効果的であると考えられている。

2 >>> Sを"副詞"的に捉える　無生物主語構文

ポイント

❶ 無生物主語（人ではない主語）は，以下のように捉える方が自然な場合がある。
名詞構文（p.126）が共存することが多い。

無生物主語	＋	V	＋	O …

副詞的に捉える　　　　　　　　　　　主語（…は / …が）と捉える

① 原因（…したせいで / …したおかげで / …したので / …したことによって）
② 手段・条件・目的（…することによって / …すれば / …するために）
③ 情報源（…によると / …を見れば〜が分かる）
④ 譲歩（…したにもかかわらず / …したとしても）
⑤ 時・場所（…において）

❷ 以下は，因果関係（因→果）を示す「（1つの）V」と捉える。

因 cause 果	因 result in 果	因 account for 果	因 be responsible for 果
因 lead to 果	因 bring about 果	因 give rise[birth] to 果	因 contribute to 果

ドリル 1 2 3 4　文構造を意識して，例文にならって，練習❶〜❹の灰色の部分をなぞりましょう。

85

例文

名詞構文　The plot is simple. の関係。
　　　　　　S　　V　　C

　　　　　　　　　C'　　　　　　　　S'
(1) [The simplicity of the plot] allowed me to enjoy this novel.
　S（原因）　　　　　　　　　　　　V　　O　　　　　C

plot 名
筋立て

無生物主語構文　S (The simplicity of the plot) が「原因」を示す。

《直訳》筋立ての単純さは，私がこの小説を楽しむことを可能にした。
《意訳》筋立てが単純であるおかげで，私はこの小説を楽しむことができた。

練習❶

名詞構文　The doctor treated the patient. の関係。
　　　　　　S　　V　　O

名詞構文　She recovered. の関係。
　　　　　　S　　V

　　　　　S'　　　　　V'　　　　　O'　　　　　　　　　　S'　　　V'
(2) [The doctor's treatment of the patient] brought about her recovery.
　S（原因）　　　　　　　　　　　　　　　　　　　　V　　　O

無生物主語構文　S (The doctor's treatment of the patient) が「原因」，O (her recovery) が「結果」を示す。

《直訳》その医者のその患者の治療は，彼女の回復をもたらした。
《意訳》その医者がその患者を治療したおかげで，彼女は回復した。

名詞構文	She is angry. の関係。
	S V C

S'　　　　C'

(3) Her face shows her anger.
　　S（情報源）　V　　O

$\boxed{無生物主語構文}$ S（Her face）が「情報源」を示す。

《直訳》彼女の顔は，彼女の怒りを示している。

《意訳》彼女の顔を見れば，彼女が怒っていることが分かる。

🖉 anger 名
怒り

名詞構文	The doctor treated the patient. の関係。
	S V O

S'　　　　V'　　　　O'

(4) [The doctor's treatment of the patient] didn't make her feel better .
　　S（譲歩）　　　　　　　　　　　　　　　　　　　V　　O　　C

$\boxed{無生物主語構文}$ S（The doctor's treatment of the patient）が「譲歩」を示す。

《直訳》その医者のその患者の治療は，彼女に気分を（より）良くさせなかった。

《意訳》その医者がその患者を治療したにもかかわらず，彼女は気分が（より）良くならなかった。

名詞構文	the discovery of many vaccines. の関係。
	V' O'

V'　　　　　　　　　　O'

(5) The twentieth century saw [the discovery of many vaccines] .
　　　　S（時）　　　　　V　O

$\boxed{無生物主語構文}$ S（The twentieth century）が「時」を示す。

《直訳》20 世紀は，多くのワクチンの発見を見た [目の当たりにした]。

《意訳》20 世紀において，多くのワクチンが発見された。

🖉 vaccine 名
ワクチン

Chapter 6

ドリル 1 **2** 3 4 　文構造を分析しましょう。

🔊 85

❶[名詞のカタマリ]（形容詞のカタマリ）〈副詞のカタマリ〉を見つけて，それぞれ[ ]（ ）〈 〉を記しましょう。❷文の要素を **A**▶ に（S・V・O・C・M）で表しましょう。❸名詞構文を探し，**B**▶ に（S'・V'・O'・C'）で表しましょう。❹無生物主語を意識して，意味を考えましょう。

解 答

B▶
☐(1) The simplicity of the plot allowed me to enjoy this novel .
A▶

▶ドリル1
例文

B▶
☐(2) The doctor's treatment of the patient brought about her recovery .
A▶

▶ドリル1
練習❶

B▶
☐(3) Her face shows her anger .
A▶

▶ドリル1
練習❷

B▶
☐(4) The doctor's treatment of the patient didn't make her feel better .
A▶

▶ドリル1
練習❸

B▶
☐(5) The twentieth century saw the discovery of many vaccines .
A▶

▶ドリル1
練習❹

ドリル 3 1 2 4	文構造を分析し，日本語に訳しましょう。

86

❶［名詞のカタマリ］（形容詞のカタマリ）〈副詞のカタマリ〉を見つけて，それぞれ［ ］（ ）〈 〉を記しましょう。❷文の要素を A に（ S・V・O・C・M ）で表しましょう。❸名詞構文を探し，B に（ S'・V'・O'・C'）で表しましょう。❹無生物主語を意識して， 日本語訳 の空所を埋めましょう。

☐(1) B The sight of a cockroach made her scream .
A

日本語訳 《意訳》 ゴキブリを＿＿＿＿＿＿＿＿＿＿＿＿＿＿＿＿＿， 彼女＿＿＿＿＿＿＿＿＿＿＿＿＿＿＿。

🔖 sight 名 見ること＞see 動 ～を見る／cockroach 名 ゴキブリ／scream 動 叫ぶ

☐(2) B The bankruptcy of his company forced him to sell his house .
A

日本語訳 《意訳》 彼の会社が破産［倒産］＿＿＿＿＿＿＿＿＿， 彼＿＿＿＿＿＿家を＿＿＿＿＿＿＿＿＿＿＿＿。

🔖 bankruptcy 名 破産＞bankrupt 形 破産した

☐(3) B Online learning gives you opportunities to learn from great teachers .
A

日本語訳 《意訳》 オンライン学習＿＿＿＿＿＿＿＿， あなた＿＿＿＿， 素晴らしい先生から学ぶ機会＿＿＿＿＿＿。

🔖 opportunity 名 機会

☐(4) B The last century witnessed the development of computer technology .
A

日本語訳 《意訳》 前世紀＿＿＿＿＿＿＿＿＿＿， コンピュータ技術＿＿＿＿＿＿＿＿＿＿＿＿＿＿＿。

🔖 development 名 発展

☐(5) B Tourism contributed to the growth of the Chinese economy .
A

日本語訳 《意訳》 観光業＿＿＿＿＿＿＿＿＿＿＿＿＿， 中国経済＿＿＿＿＿＿＿＿＿＿＿＿＿＿＿＿＿＿＿。

🔖 tourism 名 観光業／growth 名 成長＞grow 動 成長する／economy 名 経済

解 答

(1) ［The sight of a cockroach］ made her scream.
　　 S（原因）　　　　　　　　 V　 O　 C
（V' ... O'）
　　《直訳》 ゴキブリを見たことは，彼女を叫ばせた。
　　《意訳》 ゴキブリを見て［見たので／見たせいで］，彼女は叫んだ。

(2) ［The bankruptcy of his company］ forced him to sell his house.
　　 S（原因）　　　　　　　　　　　 V　 O　 C
（C' ... S'）
　　《直訳》 彼の会社の破産［倒産］は，彼に，家を売らせた。
　　《意訳》 彼の会社が破産［倒産］したせいで［したので］，彼は家を売らざるを得なかった。

(3) Online learning gives you opportunities （to learn from great teachers）.
　　 S（手段）　　　　 V　 O₁　 O₂　　　　　　　　　　 M
　　《直訳》 オンライン学習は，あなたに，素晴らしい先生から学ぶ機会を与える。
　　《意訳》 オンライン学習によって［のおかげで］，あなたは，素晴らしい先生から学ぶ機会を得られる。

(4) The last century witnessed ［the development of computer technology］.
　　 S（時）　　　　　 V　　　　 O
（V' ... S'）
　　《直訳》 前世紀は，コンピュータ技術の発展を目撃した［目の当たりにした］。
　　《意訳》 前世紀において，コンピュータ技術が発展した。

(5) Tourism contributed to ［the growth of the Chinese economy］.
　　 S（原因）　　 V　　 O
（V' ... S'）
　　《直訳》 観光業は，中国経済の成長に貢献した。［観光業は，中国経済の成長の一因となった。］
　　《意訳》 観光業によって，中国経済は成長した。

ドリル **4** 文構造を分析し，日本語に訳しましょう。

❶[名詞のカタマリ]（形容詞のカタマリ）〈副詞のカタマリ〉を見つけて，それぞれ[ ]（ ）〈 〉を記しましょう。❷文の要素を **A▷** に（**S・V・O・C・M**）で表しましょう。❸名詞構文を探し，**B▷** に（**S'・V'・O'・C'**）で表しましょう。❹無生物主語を意識して，**日本語訳▷** に訳を記しましょう。

☐ **(1)** An understanding of a person's personality enables you to avoid conflict .

日本語訳▷ _____

🖊 personality 名 性格／conflict 名 争い

☐ **(2)** His pride prevented him from admitting his fault .

日本語訳▷ _____

🖊 admit 動 ～を認める／fault 名 過失，落ち度

☐ **(3)** Dreams reveal a lot of things about how our brains handle information .

日本語訳▷ _____

🖊 handle 動 ～を処理する

☐ **(4)** Changes in the environment are responsible for the birth of the new virus .

日本語訳▷ _____

🖊 birth 名 誕生 ＞ born 形 生まれた

☐ **(5)** His lack of communication skills gave rise to numerous misunderstandings .

日本語訳▷ _____

🖊 numerous 形 数多くの

解 答

(1) [An understanding of a person's personality] enables you to avoid conflict.
　　S（手段・条件）　　　　　　　　　　　　　V　　O　　　C
　《直訳》人の性格の理解は，あなたが争いを避けることを可能にする。
　《意訳》人の性格を理解することによって［理解すれば］，あなたは争いを避けることができる。

(2) His pride prevented him 〈from admitting his fault〉．
　　S（原因）　　V　　　O　　　　M
　《直訳》彼のプライドは，彼が自分の過失を認めることを妨げた。
　《意訳》彼のプライドのせいで，彼は自分の過失を認めることができなかった。

(3) Dreams reveal a lot of things （about [how our brains handle information]）．
　　S（情報源）　V　　O　　　M　前　　前のO
　《直訳》夢は，脳がどのように情報を処理しているかについて，多くのことを明らかにする。
　《意訳》夢によって，脳がどのように情報を処理しているかについて，多くのことが分かる。

(4) [Changes in the environment] are responsible for [the birth of the new virus]．
　　S（原因）　　　　　　　　　　V　　　　　　　O
　《直訳》環境における変化は，その新しいウイルスの誕生の原因である。
　《意訳》環境が変化したことによって，その新しいウイルスは誕生した。

(5) [His lack of communication skills] gave rise to numerous misunderstandings.
　　S（原因）　　　　　　　　　　　　V　　　　　　O
　《直訳》彼のコミュニケーション能力の不足は，数多くの誤解を引き起こした。
　《意訳》彼にコミュニケーション能力が不足していたせいで，数多くの誤解が生まれた。

3 >>> 同格

ポイント

　名詞に対して，「補足説明」や「具体内容」を示す形を「同格」と呼び，「＝（イコール）」を付す。同格には，以下7パターンがある。

名詞を並べる	❶直接並べる　　　　　名詞 A　名詞 B	訳出
	❷同格の記号を挟む　　名詞 A , 名詞 B　名詞 A － 名詞 B 　　　　　　　　　　名詞 A：名詞 B	「A つまり B」 「A すなわち B」
	❸同格の表現を挟む　　名詞 A, **that is** (to say) 名詞 B 　　　　　　　　　　名詞 A, **namely** 名詞 B　名詞 A, **or** 名詞 B	「A，言い換えると B」 「B である A」　など
	※名詞 A と名詞 B には，代名詞・名詞句・名詞節が置かれることもある。	

[名詞節]を並べる

❹名詞 + [**that** SV …]　訳出「…という名詞」
‖
| **fact** 事実 | **idea** 考え | **rumor** うわさ | **chance** 可能性 | など |

❺名詞 + [**疑問詞** SV …] / [**whether** SV …]　訳出「…という名詞」
‖
| **question** 疑問 | など |

（形容詞句）を並べる

❻名詞 A (**of** 名詞 B)　訳出「B という A」
‖
| **idea** 考え | **difficulty** 困難 | **habit** 習慣 | **possibility** 可能性 | など |

❼名詞 (**to** *do*)　訳出「…する（という）名詞」
‖
| **desire** 願望 | **ability** 能力 | **way** 方法 | **duty** 義務 | など |

※形容詞句を作る不定詞（to *do*）は，「主格」と「目的格」の可能性もある（p.90）。
　主格でも目的格でもなければ，「同格」と考える。

ドリル 1 234　文構造を意識して，例文にならって，練習❶〜❹の灰色の部分をなぞりましょう。 88

例文

(1) We teachers must continue to learn.
　　S└＝┘　　　V

同格 代名詞（We）と名詞（teachers）を直接並べて，「同格」の関係を作っている（ポイントの❶）。「We ＝teachers」という関係が成り立つ。

教師である私たち［私たち教師］は，学び続けなければならない。

練習 ❶

(2) Kyoto, one of the oldest cities in Japan, attracts many foreign tourists.
　　S　└＝┘　　　　　　　　　　　　　V　　　　　O

同格 同格の記号（,）を挟んで，名詞（Kyoto）と名詞句（one 〜 Japan）を並べて，「同格」の関係を作っている（ポイントの❷）。「Kyoto ＝one 〜 Japan」という関係が成り立つ。

日本最古の都市の１つである京都は，多くの外国人観光客を引き付けている。

(3) My major is archaeology, or the study of ancient societies.

S V C

> **同格** 同格の表現(or)を挟んで、名詞(archaeology)と名詞句(the study 〜 societies)を並べて、「同格」の関係を作っている(ポイントの❸)。「archaeology＝the study 〜 societies」という関係が成り立つ。

私の専攻は、考古学、つまり、古代社会の研究である。

(4) The rumor [that he committed a serious crime] proved to be false.

S V C

> **同格** 名詞(rumor)に[名詞節(that he 〜 crime)]を並べて、「同格」の関係を作っている(ポイントの❹)。thatは、「名詞節を作る接続詞that」(p.80)である。「The rumor＝that he 〜 crime」という関係が成り立つ。

彼が重大な罪を犯したといううわさは、誤りだと分かった。

(5) He opposed the idea (of leaving early).

S V O

> **同格** 名詞(idea)に(形容詞句(of leaving early))を並べて、「同格」の関係を作っている(ポイントの❻)。「the idea＝leaving early」という関係が成り立つ。同格を作るof(同格のof)は、「〜の」と訳すと不自然である場合が多い。

彼は、早く出発するという考えに反対した。

ドリル 2 文構造を分析しましょう。

88

> ❶[名詞のカタマリ](形容詞のカタマリ)〈副詞のカタマリ〉を見つけて、それぞれ[ ]( )〈 〉を記しましょう。❷文の要素を▶に(S・V・O・C・M)で表しましょう。❸同格の関係を見つけて、└＝┘の記号を付しましょう。

解答

(1) We teachers must continue to learn .
▶

▶ ドリル1 例文

(2) Kyoto , one of the oldest cities in Japan , attracts many foreign tourists .
▶

▶ ドリル1 練習❶

(3) My major is archaeology , or the study of ancient societies .
▶

▶ ドリル1 練習❷

(4) The rumor that he committed a serious crime proved to be false .
▶

▶ ドリル1 練習❸

(5) He opposed the idea of leaving early .
▶

▶ ドリル1 練習❹

89

ドリル 3

文構造を分析し，日本語に訳しましょう。

❶[名詞のカタマリ]（形容詞のカタマリ）〈副詞のカタマリ〉を見つけて，それぞれ[　]（　）〈　〉を記しましょう。❷文の要素を▶に（S・V・O・C・M）で表しましょう。❸同格の関係を見つけて，└＝┘の記号を付しましょう。❹ 日本語訳▶の空所を埋めましょう。

☐ (1) The future of our country depends on you young people .
▶

日本語訳▶私たちの国の未来は，_____ 次第である。

☐ (2) People envy what he has ; namely , wealth , status , and power .
▶

日本語訳▶人々は，_____ をうらやましがっている。

✎ envy 動 ～をうらやましがる／status 名 地位

☐ (3) Our strategy is to advertise our products , that is , to let people know about them .
▶

日本語訳▶私たちの戦略は，商品を宣伝すること，_____ である。

✎ advertise 動 ～を宣伝する

☐ (4) There remains the question whether he knew the secret .
▶

日本語訳▶_____ 疑問が残っている。

☐ (5) Every country has a duty to fight terrorism .
▶

日本語訳▶すべての国に，_____ がある。

✎ duty 名 義務／terrorism 名 テロ

解 答

(1) <u>The future</u> (of our country) <u>depends</u> 〈on you young people〉.
  S   M   V   M   └＝┘
  私たちの国の未来は，若者であるあなたたち [あなたたち若者] 次第である。

(2) <u>People</u> <u>envy</u> [what he has] ; 〈namely〉, wealth, status, and power.
  S   V   O   M
  人々は，彼が持っているもの，つまり [すなわち]，富，地位，権力をうらやましがっている。

(3) <u>Our strategy</u> <u>is</u> [to advertise our products] , 〈that is〉, [to let people know about them] .
  S   V C   M
  私たちの戦略は，商品を宣伝すること，つまり [すなわち]，人々にそれらについて知らせることである。

(4) There <u>remains</u> <u>the question</u> [whether he knew the secret] .
        V   S   └＝┘
  彼がその秘密を知っていたのかどうかという疑問が残っている。

(5) <u>Every country</u> <u>has</u> <u>a duty</u> (to fight terrorism) .
  S   V   O   └＝┘
  すべての国に，テロと戦う義務がある。

ドリル 4

文構造を分析し，日本語に訳しましょう。

90

❶[名詞のカタマリ] (形容詞のカタマリ) 〈副詞のカタマリ〉を見つけて，それぞれ [ ] ( ) 〈 〉を記しましょう。❷文の要素を▶に (S・V・O・C・M) で表しましょう。❸同格の関係を見つけて，└＝┘の記号を付しましょう。❹ 日本語訳▶に訳を記しましょう。

☐ **(1)** Several factors cause procrastination , delaying what you need to do .
▶

日本語訳▶ _____

🔖 procrastination 图 先延ばし／delay 動 ～を遅らせる

☐ **(2)** There is demand for a CFO — someone who manages the company's money .
▶

日本語訳▶ _____

🔖 demand (for ～) 图 (～の) 需要／CFO 图 最高財務責任者／manage 動 ～を管理する

☐ **(3)** He is interested in Haiku , or a three-line poem with seventeen syllables .
▶

日本語訳▶ _____

🔖 line 图 行／poem 图 詩／syllable 图 音節

Chapter 6

☐ **(4)** We should keep in mind the fact that our behavior affects people around us .
▶

日本語訳▶ _____

🔖 keep O in mind / keep in mind O　Oを心に留めておく／affect 動 ～に影響する

☐ **(5)** The resource of time must be used effectively .
▶

日本語訳▶ _____

🔖 resource 图 資源

解 答

(1) Several factors cause procrastination, delaying [what you need to do] .
　　　　　　S　　　　　 V　　　　O　　　　　　└＝┘
いくつかの要因が，先延ばし，つまり [すなわち]，あなたがする必要があることを遅らせることを引き起こす。

(2) There is demand (for a CFO — someone who manages the company's money) .
　　　　 V　 S　　　 M
CFO [最高財務責任者]，つまり [すなわち]，会社のお金を管理する人の需要がある。

(3) He is interested 〈in Haiku, or a three-line poem with seventeen syllables〉 .
　　　S　V　　C　　　　M　　　　　└＝┘
彼は，俳句，つまり [すなわち]，17 の音節から成る 3 行の詩に興味がある。

(4) We should keep 〈in mind〉 the fact [that our behavior affects people around us] .
　　　S　　 V　　　　 M　　　　O
私たちは，自分 [私たち] の行動が自分 [私たち] の周りにいる人々に影響するという事実を心に留めておくべきだ。

(5) The resource (of time) must be used 〈effectively〉 .
　　　　　S　　 └＝┘　　　　 V　　　　 M
時間という資源は，効果的に使われなければならない。

4 >>> 並列と共通

ポイント

⚠ 並列と共通

　同じ形が等位接続詞（and / but / orなど）でつながれる現象を「並列」と呼ぶ。また，並列の左右にある要素を「共通」と呼ぶ。等位接続詞を見たら，「何と何をつないでいるのか」と「共通の要素は何か」を把握する。

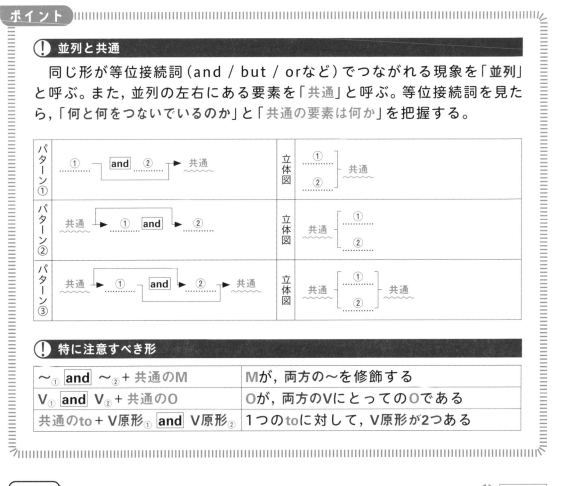

⚠ 特に注意すべき形

〜① and 〜② ＋ 共通のM	Mが，両方の〜を修飾する
V① and V② ＋ 共通のO	Oが，両方のVにとってのOである
共通のto ＋ V原形① and V原形②	1つのtoに対して，V原形が2つある

ドリル 1 234

文構造を意識して，例文にならって，練習❶〜❹の灰色の部分をなぞりましょう。

 91

例文

(1) Our ability to reason increases ① and our memory decreases ② 〈 with age 〉.
　　S　　　　　　　　V　　　　　　S　　　　　V　　　　　M

```
Our ability to reason increases
and                              — with age.　M(with age)が，両方のVを修飾している。
our memory decreases
```

年齢に伴って，私たちの（論理的に）考える力は向上し，記憶力は減退する。

練習❶

(2) He found it impossible [to finish his homework] ① and began watching TV. ②
　　S　V　　O　　C　　　　　　　　　　　　　　　　　　　V　　　　　O

```
    found it impossible to finish his homework
He  and                                          1つのS (He)に対して，Vが2つある。
    began watching TV.
```

彼は，宿題を終えるのは不可能だと思い，テレビを見始めた。

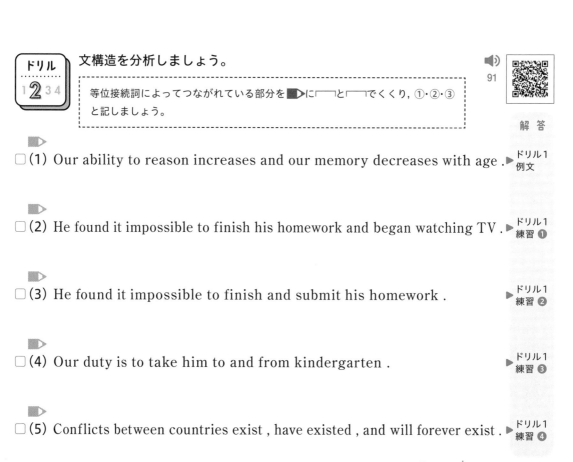

練習2

(3) He found it impossible [to finish and submit his homework].
S　V　O　　　C　　　①Ⓥ原形　②Ⓥ原形　　　Ⓞ

He found it impossible to [finish / and / submit] his homework. his homeworkは, 両方のⓋにとってのⓄである。

彼は, 宿題を終えて提出するのは不可能だと思った。

練習3

(4) Our duty is [to take him to and from kindergarten].
S　V　C　　　　①前　②前　　前のⓄ

🖉 kindergarten 名
幼稚園

Our duty is to take him [to / and / from] kindergarten. kindergartenは, 両方の前置詞にとってのⓄである。

私たちの任務は, 彼の幼稚園の送り迎えをすることだ[彼を幼稚園へ送り, そして幼稚園から連れ帰ることだ]。

練習4

(5) Conflicts (between countries) exist, have existed, and will 〈 forever 〉 exist.
S　　M　　　①V　②V　　③V　　M

Conflicts between countries [exist, / have existed, / and / will forever exist.] 1つのS (Conflicts between countries) に対して, Vが3つある。

国家間の争いは, 存在するし,（これまでも）存在してきたし,（今後も）永遠に存在するだろう。

Chapter **6**

ドリル 2
1 **2** 3 4

文構造を分析しましょう。

🔊 91

等位接続詞によってつながれている部分を▶に「□」と「□」でくくり, ①・②・③と記しましょう。

解答

▶
□(1) Our ability to reason increases and our memory decreases with age . ▶ドリル1 例文

▶
□(2) He found it impossible to finish his homework and began watching TV . ▶ドリル1 練習❶

▶
□(3) He found it impossible to finish and submit his homework . ▶ドリル1 練習❷

▶
□(4) Our duty is to take him to and from kindergarten . ▶ドリル1 練習❸

▶
□(5) Conflicts between countries exist , have existed , and will forever exist . ▶ドリル1 練習❹

ドリル 3 （1 2 3 4）

文構造を分析し，日本語に訳しましょう。

92

❶等位接続詞によってつながれている部分を■▶に⌐_と_⌐_でくくり，①・②・③と記しましょう。❷ 日本語訳▶ の空所を埋めましょう。

☐ (1) He always respects and gets along well with his colleagues .

日本語訳▶ 彼はいつも, _____。

✎ respect 動 〜を尊敬する／get along (well) with 〜 〜とうまくやっていく

☐ (2) She is confident in her own and her subordinate's abilities .

日本語訳▶ 彼女は, _____ に自信がある。

✎ subordinate 名 部下

☐ (3) Some people consider science useful but the humanities useless .

日本語訳▶ 一部の人は, _____ と考えている。

✎ useful 形 役に立つ／humanities 名 （複数形で）人文科学／useless 形 役に立たない

☐ (4) There has been and will always be a gap between the rich and the poor .

日本語訳▶ 貧富の差は, _____。

✎ gap 名 差／the rich 豊かな人々, 富裕層／the poor 貧しい人々, 貧困層

☐ (5) Scientists need to gather , evaluate , and report information objectively .

日本語訳▶ 科学者は, _____ 必要がある。

✎ gather 動 〜を収集する／evaluate 動 〜を評価する／report 動 〜を報告する／objectively 副 客観的に

解答

(1) He 〈always〉 ①respects and ②gets along well with his colleagues.
　　S　 M 　　　V 　　　　 V 　　　　　　　 O
彼はいつも, 彼の同僚を尊敬し, (彼の同僚と)上手くやっている。 He always [respects / and / gets along well with] his colleagues.

(2) She is confident 〈in ①her own and ②her subordinate's abilities〉.
　　S　V 　 C 　　　　 M
彼女は, 彼女自身の能力と, 彼女の部下の能力に自信がある。 She is confident in [her own / and / her subordinate's] abilities.

(3) Some people consider ①science useful but ②the humanities useless.
　　S 　　　　 V 　　 O 　 C 　　　 O 　　　 C
一部の人は, 自然科学は役に立つが, 人文科学は役に立たないと考えている。 Some people consider [science useful / but / the humanities useless.]

(4) There ①has been and ②will always be a gap (between ①the rich and ②the poor) .
　　　　 V 　　　　 V 　 S 　M
貧富の差は, これまでもあったし, これからも常にあるだろう。 There [has been / and / will always be] a gap between [the rich / and / the poor.]

(5) Scientists need to ①gather, ②evaluate, and ③report information 〈objectively〉 .
　　S 　 V 　 V原形 　 V原形 　　 V原形 　 O 　 M
科学者は, 客観的に情報を収集し, 評価し, 報告する必要がある。 Scientists need to [gather, / evaluate, / and / report] information objectively.

ドリル

1 2 3 4

文構造を分析し，日本語に訳しましょう。

93

❶等位接続詞によってつながれている部分を ▶ に ⬜ と ⬜ でくくり，①・②・③と記しましょう。❷ 日本語訳 ▶ に訳を記しましょう。

▶

☐ (1) Tom seems interested in and willing to take over his father's job .

日本語訳 ▶ _____

✎ take O over / take over O　O を継ぐ

▶

☐ (2) Our job is to analyze information and gather evidence about endangered species .

日本語訳 ▶ _____

✎ analyze 動 〜を分析する／endangered species　絶滅危惧種

▶

☐ (3) Some people regard men as logical and women as emotional .

日本語訳 ▶ _____

✎ logical 形 論理的な／emotional 形 感情的な

Chapter **6**

▶

☐ (4) Scientists have suspected and proven that we need to sleep to lose weight .

日本語訳 ▶ _____

✎ suspect 動 〜ではないかと思う／lose weight　体重を落とす, 減量する

▶

☐ (5) We establish , maintain , and develop good relationships with our customers .

日本語訳 ▶ _____

✎ establish 動 〜を築く

解 答

(1) Tom seems <u>interested in</u> and <u>willing to take over</u> his father's job.
　　S　V　①C　　　　　②C
トムは, 父親の仕事に興味があり, (父親の仕事を)継ぐ意志があるようだ。

Tom seems ⎰ interested in / and / willing to take over ⎱ his 〜.

(2) Our job is [to <u>analyze information</u> and <u>gather evidence</u> about endangered species].
　　S　V　C　①　　　　　　　　　②
私たちの仕事は, 絶滅危惧種に関する情報を分析し,
(絶滅危惧種に関する) 証拠を集めることだ。

Our job is to ⎰ analyze information / and / gather evidence ⎱ about 〜.

(3) Some people regard <u>men as logical</u> and <u>women as emotional</u>.
　　S　V　O　① C　　　　　　② O　C
一部の人は, 男は論理的で, 女は感情的だと見なしている。

Some people regard ⎰ men as logical / and / women as emotional ⎱.

(4) Scientists have <u>suspected</u> and <u>proven</u> [that we need to sleep to lose weight].
　　S　V　①V　　　②V
科学者たちは, 体重を落とすためには睡眠をとる必要がある
のではないかと思ってきたし, (それを) 証明してきた。

Scientists have ⎰ suspected / and / proven ⎱ that we need to 〜.

(5) We <u>establish</u>, <u>maintain</u>, and <u>develop</u> good relationships (with our customers) .
　　S　V　V　　　V　　　M
私たちは, 顧客との良好な関係を築き, 維持し,
発展させている。

We ⎰ establish, / maintain, / and / develop ⎱ good relationships 〜.

5 >>> 強調構文

! 強調構文

　強調したい要素をIt isとthatの間に挟み，残りの要素をthatの後ろに置くことで，**It isとthatの間に挟まれた部分が強調される**。これを「強調構文」と呼ぶ。文構造をとる際，It isとthatは無視し，それ以外の要素で考える（It isをSVとは捉えない）。本書では，その訓練として，×マークを記す。

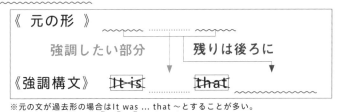

※元の文が過去形の場合はIt was ... that ～とすることが多い。
※強調できるのは主に，①S・②O・③副詞（句・節）の3つ。

! 訳出

that以下を先に訳すのが原則。「＿＿＿＿＿＿なのは＿＿＿＿だ。」
※強調部分に「他でもなく/こそ/まさに」を付けて，元の構造通り訳してもよい。

! 強調構文と相性の良い表現

・ It is only ... that ～ . 　　　　　～なのは，…だけだ / …しかない。
・ It is not so much Ⓐ as Ⓑ that ～ . 　～なのは，ⒶというよりむしろⒷだ。
・ It is not Ⓐ but Ⓑ that ～ . 　　　　～なのは，ⒶではなくⒷだ。

　not Ⓐ but Ⓑ が，以下のように分かれることもある

▶ It is not Ⓐ that ～ , but Ⓑ . 　　　～なのはⒶではなく，Ⓑだ。
　 It is Ⓑ that ～ , not Ⓐ . 　　　　～なのはⒷであり，Ⓐではない。

ドリル 1 2 3 4 　文構造を意識して，例文にならって，練習❶～❹の灰色の部分をなぞりましょう。
94

例文

(1) ~~It was~~ this news ~~that~~ made his mother glad.
　　　　　　　 S　　　　 V　　　 O　　 C

　《元の形》This news made his mother glad.　Sが強調されている。
　　　　　　　 S　　 V　　　 O　　　 C

　彼の母親を喜ばせたのは，このニュースであった。[まさにこのニュースが，彼の母親を喜ばせた。]

練習❶

(2) It was his mother that this news made glad.
　　　　　　　 O　　　　　　 S　　　 V　　 C

　《元の形》This news made his mother glad.　Oが強調されている。
　　　　　　　 S　　 V　　　 O　　　 C

　このニュースが喜ばせたのは，彼の母親であった。[このニュースは,他でもなく彼の母親を喜ばせた。]

(3) It was 〈 in America 〉 that I met her.
   M   S V O

《元の形》 I met her 〈in America〉. 副詞句が強調されている。
      S V O   M

私が彼女に出会ったのは，アメリカにおいてであった。［まさにアメリカで，私は彼女に出会った。］

(4) It was 〈 only because he wanted to earn money 〉 that he started a company.
   M   S   V   O

《元の形》 He started a company 〈only because he ～ money〉. 副詞節が強調されている。
      S V   O   M   onlyと共に使われている点にも注目しよう。

彼が会社を始めたのは，お金を稼ぎたかったからという理由だけである。
［他でもなくお金を稼ぎたかったからという理由だけで，彼は会社を始めた。］

(5) It is not money but love that matters.
        Ⓐ   Ⓑ
        S   V

matter 動
重要である

《元の形》 Not money but love matters. Sが強調されている。
      S   V   not Ⓐ but Ⓑ と共に使われている点にも注目しよう。

重要なのは，お金ではなく愛である。［お金ではなく愛こそが重要である。］

Chapter
6

ドリル 1 **2** 3 4　　文構造を分析しましょう。

94

❶強調構文を見つけて，It is [was] とthatを□で囲み，×を付けましょう。❷文の要素を▶に（S・V・O・C）で表しましょう。❸修飾語句は，名詞を修飾する形容詞句なら（　　），名詞以外を修飾する副詞句（節）なら〈　　〉でくくり，Mと記しましょう。

解答

(1) It was this news that made his mother glad .
▶
ドリル1
例文

(2) It was his mother that this news made glad .
▶
ドリル1
練習 ❶

(3) It was in America that I met her .
▶
ドリル1
練習 ❷

(4) It was only because he wanted to earn money that he started a company .
▶
ドリル1
練習 ❸

(5) It is not money but love that matters .
▶
ドリル1
練習 ❹

ドリル **3**
1 2 3 4

文構造を分析し，日本語に訳しましょう。

95

❶強調構文を見つけて，It is［was］とthatを□□で囲み，×を付けましょう。❷［名詞のカタマリ］（形容詞のカタマリ）〈副詞のカタマリ〉を見つけて，それぞれ［　］（　）〈　〉を記しましょう。❸文の要素を▶に（S・V・O・C・M）で表しましょう。❹ 日本語訳 ▶の空所を埋めましょう。

☐ (1) It is facial expressions that tell us how a person feels .
▶

日本語訳 ▶人がどのように感じているのかを私たちに伝える_____。

🖉 facial expression　表情

☐ (2) It was because I didn't want to hurt her feelings that I lied .
▶

日本語訳 ▶私がうそをついた_____。

🖉 hurt 動 〜を傷つける／lie 動 うそをつく

☐ (3) It was only after many trials and errors that he succeeded in inventing the light bulb .
▶

日本語訳 ▶彼が電球を発明することに成功した_____。

🖉 only + 時　時になってようやく／trial and error　試行錯誤／light bulb　電球

☐ (4) It is not so much what you say as what you do that counts .
▶

日本語訳 ▶重要_____，あなたが何を言うか_____，あなたが何をするかである。

🖉 count 動 重要である

☐ (5) It is what you say that matters , not how fluently you speak .
▶

日本語訳 ▶重要_____，あなたが何を言うかであり，あなたがどれほど流暢に話すか_____。

解　答

(1) ☒It is☒ facial expressions ☒that☒ tell us ［how a person feels］.
　　　　　　　　S　　　　　　　　　　V　O₁　　　O₂

　　人がどのように感じているのかを私たちに伝えるのは，表情である。
　　［表情こそが，人がどのように感じているのかを私たちに伝える。］

(2) ☒It was☒ 〈because I didn't want to hurt her feelings〉 ☒that☒ I lied.
　　　　　　　　M　　　　　　　　　　　　　　　　　　　　　　　　　S　V

　　私がうそをついたのは，彼女の感情を傷つけたくなかったからだ。
　　［彼女の感情を傷つけたくなかったからこそ，私はうそをついた。］

(3) ☒It was☒ 〈only after many trials and errors〉 ☒that☒ he succeeded 〈in inventing the light bulb〉.
　　　　　　　　M　　　　　　　　　　　　　　　　　　　　　　S　　V　　　　　M

　　彼が電球を発明することに成功したのは，多くの試行錯誤を経てようやくのことであった。
　　［多くの試行錯誤を経てようやく，彼は電球を発明することに成功した。］

(4) ☒It is☒ not so much ［what you say］Ⓐ as ［what you do］Ⓑ ☒that☒ counts.
　　　　　　　　　　　　　　S　　　　　　　　　　　　S

　　重要なのは，あなたが何を言うかというよりむしろ，あなたが何をするかである。
　　［あなたが何を言うかというよりむしろ，あなたが何をするかこそが重要である。］

(5) ☒It is☒ ［what you say］Ⓑ ☒that☒ matters, not ［how fluently you speak］Ⓐ.
　　　　　　　S　　　　　　　　　　　　V

　　重要なのは，あなたが何を言うかであり，あなたがどれほど流暢に話すかではない。
　　［あなたがどれほど流暢に話すかではなく，あなたが何を言うかこそが，重要である。］

ドリル 1 2 3 4 文構造を分析し，日本語に訳しましょう。

❶強調構文を見つけて，It is［was］とthatを□で囲み，×を付けましょう。❷［名詞のカタマリ］（形容詞のカタマリ）〈副詞のカタマリ〉を見つけて，それぞれ［ ］（ ）〈 〉を記しましょう。❸文の要素を▶に（S・V・O・C・M）で表しましょう。❹ 日本語訳 ▶に訳を記しましょう。

☐ (1) It was cheap labor that was responsible for the slow adoption of machines .
▶

日本語訳 ▶＿＿＿＿＿＿＿＿＿＿＿＿＿＿＿＿＿＿＿＿＿＿＿＿＿＿＿＿＿＿＿＿＿

🖋 labor 名 労働力／adoption 名 採用

☐ (2) It is only through mutual understanding that we can achieve world peace .
▶

日本語訳 ▶＿＿＿＿＿＿＿＿＿＿＿＿＿＿＿＿＿＿＿＿＿＿＿＿＿＿＿＿＿＿＿＿＿

🖋 mutual 形 相互の／achieve 動 〜を達成する

☐ (3) It was only in 1945 that people realized how dangerous nuclear weapons were .
▶

日本語訳 ▶＿＿＿＿＿＿＿＿＿＿＿＿＿＿＿＿＿＿＿＿＿＿＿＿＿＿＿＿＿＿＿＿＿

🖋 nuclear weapon 核兵器

☐ (4) It is not so much the heat as the humidity that makes me fatigued .
▶

日本語訳 ▶＿＿＿＿＿＿＿＿＿＿＿＿＿＿＿＿＿＿＿＿＿＿＿＿＿＿＿＿＿＿＿＿＿

🖋 heat 名 暑さ／humidity 名 湿気／fatigued 形 疲れ果てて

☐ (5) It is not because of her appearance that I love her , but because of her character .
▶

日本語訳 ▶＿＿＿＿＿＿＿＿＿＿＿＿＿＿＿＿＿＿＿＿＿＿＿＿＿＿＿＿＿＿＿＿＿

🖋 appearance 名 見た目／character 名 性格

解 答

(1) It was cheap labor that was responsible for the slow adoption (of machines) .
　　 S（原因）　　　　　　 V　　　　　　 O（結果）　　　 M

機械を採用するのが遅かったのは，安い労働力が原因であった。
［他でもなく安い労働力のせいで，機械を採用するのが遅れた。］

(2) It is 〈only through mutual understanding〉 that we can achieve world peace.
　　　　　　　　 M　　　　　　　　　　　　 S　 V　　　　 O

私たちが世界平和を達成できるのは，相互の理解を通してのみである。
［相互の理解を通してのみ，私たちは世界平和を達成できる。］

(3) It was 〈only in 1945〉 that people realized [how dangerous nuclear weapons were] .
　　　　　 M　　　　　 S　　 V　　　 O

人々が，核兵器がどれほど危険かに気付いたのは，1945 年になってようやくのことであった。
［1945 年になってようやく，人々は，核兵器がどれほど危険かに気付いた。］

(4) It is not so much the heat as the humidity that makes me fatigued.
　　　　　　　　 Ⓐ　　　　　　 Ⓑ　　　　　　 V　 O　 C
　　　　　　　 S

私を疲れ果てさせるのは，暑さというよりむしろ，湿気である。
［暑さというよりむしろ湿気こそが，私を疲れ果てさせる。］

(5) It is not 〈because of her appearance〉 that I love her, but 〈because of her character〉 .
　　　　　 Ⓐ　　　 M　　　　　　　　　 S　 V　 O　　　 Ⓑ　　 M

私が彼女を愛しているのは，彼女の見た目が理由ではなく，彼女の性格が理由である。
［彼女の見た目が理由ではなく，彼女の性格こそが理由で，私は彼女を愛している。］

6 ⟫⟫ 倒置

ポイント ⫽⫽

① 倒置（疑問文の語順）

文頭に〈否定の副詞〉が置かれると，後続が「疑問文の語順」になる。

※注意すべき〈否定の副詞〉

never 決して…ない	**only ...** …のみ	**hardly** ｜ ほとんど…ない	**seldom** ｜ めったに…ない
little 少しも…ない	**only** ＋時 時になってようやく	**scarcely** ｜	**rarely** ｜
by no means 決して…ない		**on [under] no condition** （どんな条件でも）決して…ない	
on no account （どんな理由でも）決して…ない		**under no circumstances** （どんな状況でも）決して…ない	

② 倒置（語順の変化）

本来の語順の一部が"ひっくり返る"ことがある。以下の表の 語順の変化 に気付くための思考回路 に注目し，自分で気付くことが重要。

第1文型	普通の語順	S	V〈場所の副詞(M)〉	副詞は S になれない。「副詞」は M に決まる。
	語順の変化	〈場所の副詞(M)〉V	S	
第2文型	普通の語順	S	V 形容詞(C)	形容詞は S になれない。「名詞を修飾していない形容詞」は C に決まる。
	語順の変化	形容詞(C) V	S	
第5文型	普通の語順	S V O	形容詞(C)	形容詞は O になれない。「名詞を修飾していない形容詞」は C に決まる。
	語順の変化	S V 形容詞(C)	O	

ドリル 1 2 3 4　文構造を意識して，例文にならって，練習❶～❹の灰色の部分をなぞりましょう。

97

例文

(1)〈 Little 〉did I expect [that your team would win the game].
　　否定の副詞(M)　　S　V　　　　　　　　　　　　　　　　　　　O
　　　　　　　　　　　　　（疑問文の語順）

《元の語順》I 〈little〉expected [that your team would win the game].
　　　　　S　　M　　V　　　　　　O

あなたのチームがその試合に勝つとは，少しも予想していなかった。

練習 1

(2)〈 Only recently 〉did I comprehend [what the author implied].
　　否定の副詞(M)　　　S　V　　　　　　　　　　　　O
　　　　　　　　　　　　（疑問文の語順）

🖉 author 名
著者

《元の語順》I 〈only recently〉comprehended [what the author implied].
　　　　　S　　M　　　　　V　　　　　　　O

最近になってようやく，私は，その著者がほのめかしていることを理解した。

練習 2

> clearは形容詞。形容詞はOになれない。「名詞を修飾していない形容詞」はCに決まる。
> 後ろにher intention (O) が続いているのを見て、語順の変化 (SVCO) に気付く。

(3) She made clear her intention 〔 to address the problem of hunger 〕.
　　　 S 　 V 　 C 　　 O 　　　　　　　　　　　　　　　　 M

《元の語順》She made her intention (to address the problem of hunger) clear.
　　　　 S 　 V 　　 O 　　　　　　　　　　　　　　　　　　　　 C

彼女は、自分が飢餓の問題に対処する意図があることを、明らかにした。

練習 3

> Happyは形容詞。形容詞はSになれない。「名詞を修飾していない形容詞」はCに決まる。
> 後ろにare (V) those (S) が続いているのを見て、語順の変化 (CVS) に気付く。

🔖 for the sake of ～
～の（利益の）ために

(4) Happy are those 〔 who can live 〈 for the sake of others 〉〕.
　　　 C 　 V 　 S 　　　　　　　　　　　　 M

《元の語順》Those (who can live 〈for the sake of others〉) are happy.
　　　　 S 　 M 　　　　　　　　　　　　　　　　 V 　 C

幸せなのは、他人のために生きることができる人である。

［他人のために生きることができる人が、幸せなのである。］

練習 4

> At the top of the hill (前置詞 + 名詞) は副詞句。副詞句はSになれず、Mである。
> 後ろにstands (V) a shrine (S) が続いているのを見て、語順の変化 (MVS) に気付く。

Chapter 6

🔖 shrine 名
神社

(5) 〈 At the top of the hill 〉 stands a shrine.
　　 場所の副詞 (M) 　　　　　　 V 　　 S

《元の語順》A shrine stands 〈at the top of the hill〉.
　　　　 S 　 V 　　　 M

その丘の頂上には、神社がたっている。［神社が、その丘の頂上にたっている。］

ドリル 2 （1 2 3 4）　文構造を分析しましょう。

🔊 97

> ❶［名詞のカタマリ］（形容詞のカタマリ）〈副詞のカタマリ〉を見つけて、それぞれ
> ［　］（　）〈　〉を記しましょう。❷『倒置』を意識して、文の要素を▶に（S・V・
> O・C・M）で表しましょう。

解答

☐ **(1)** Little did I expect that your team would win the game.
　▶

▶ ドリル1
例文

☐ **(2)** Only recently did I comprehend what the author implied.
　▶

▶ ドリル1
練習❶

☐ **(3)** She made clear her intention to address the problem of hunger.
　▶

▶ ドリル1
練習❷

☐ **(4)** Happy are those who can live for the sake of others.
　▶

▶ ドリル1
練習❸

☐ **(5)** At the top of the hill stands a shrine.
　▶

▶ ドリル1
練習❹

98

ドリル **3**
12 4

文構造を分析し，日本語に訳しましょう。

❶［名詞のカタマリ］（形容詞のカタマリ）〈副詞のカタマリ〉を見つけて，それぞれ［　］（　）〈　〉を記しましょう。❷『倒置』を意識して，文の要素を ▶ に（S・V・O・C・M）で表しましょう。❸ 日本語訳 ▶ の空所を埋めましょう。

☐ (1) Under no circumstances can we justify violence .
　▶

日本語訳 ▶ 私たちは，暴力を正当化＿＿＿＿＿＿＿＿＿＿＿＿＿＿＿＿＿＿＿＿＿＿＿＿＿＿。

🔖 justify 動 〜を正当化する／violence 名 暴力

☐ (2) Only by understanding the problem can you choose an appropriate solution .
　▶

日本語訳 ▶ ＿＿＿＿＿＿＿＿＿＿＿＿＿＿＿＿＿＿＿＿＿＿，あなたは適切な解決法を選択することができる。

🔖 solution 名 解決法

☐ (3) The reporter made public what he knew about the issue .
　▶

日本語訳 ▶ その記者は，自分がその問題について知っていること＿＿＿＿＿＿公＿＿＿＿＿＿＿＿＿＿。

🔖 reporter 名 記者

☐ (4) Essential to science are objective facts which you can gain by observing nature .
　▶

日本語訳 ▶ ＿＿＿＿＿＿＿＿＿＿＿＿＿＿＿＿＿＿，自然を観察することによって得られる客観的な事実である。

🔖 objective 形 客観的な／gain 動 〜を得る／observe 動 〜を観察する

☐ (5) Among the passengers on the bus was the criminal that the police were searching for .
　▶

日本語訳 ▶ そのバスの乗客たちの中に，＿＿＿＿＿＿＿＿＿＿＿＿＿＿＿＿＿＿＿＿＿＿＿＿＿＿。

🔖 criminal 名 犯人

解 答

(1) 〈Under no circumstances〉 can we justify violence.
　　　否定の副詞(M)　　　　　疑問文の語順
　　　　　　　　　　　　　　S　V　　O
　　　私たちは，暴力を正当化することは（いかなる状況でも）決してできない。

(2) 〈Only by understanding the problem〉 can you choose an appropriate solution.
　　　否定の副詞(M)　　　　　　　　　　　疑問文の語順
　　　　　　　　　　　　　　　　　　　S　V　　　　O
　　　その問題を理解することによってのみ，あなたは適切な解決法を選択することができる。

(3) The reporter made public ［what he knew about the issue］ .
　　　　S　　　　V　　C　　　　　　　O
　　　その記者は，自分がその問題について知っていることを公にした。

(4) Essential 〈to science〉 are objective facts （which you can gain by observing nature） .
　　　　C　　　　M　　　V　　S　　　　　　　　　M
　　　科学にとって必要不可欠なのは，自然を観察することによって得られる客観的な事実である。
　　　［自然を観察することによって得られる客観的な事実が，科学にとって必要不可欠である。］

(5) 〈Among the passengers on the bus〉 was the criminal （that the police were searching for） .
　　　場所の副詞(M)　　　　　　　　　　V　　S　　　　　M
　　　そのバスの乗客たちの中に，警察が捜している犯人がいた。
　　　［警察が捜している犯人が，そのバスの乗客たちの中にいた。］

99

文構造を分析し，日本語に訳しましょう。

❶［名詞のカタマリ］（形容詞のカタマリ）〈副詞のカタマリ〉を見つけて，それぞれ［　］（　）〈　〉を記しましょう。❷『倒置』を意識して，文の要素を▮▶に（S・V・O・C・M）で表しましょう。❸ 日本語訳 ▶ に訳を記しましょう。

☐ **(1)** Hardly can I believe what she mentioned .
▮▶

日本語訳 ▶ _____

✎ mention 動 ～に言及する

☐ **(2)** Only after he began living alone did he realize the importance of money .
▮▶

日本語訳 ▶ _____

☐ **(3)** Advances in printing have made possible the development of science and literature .
▮▶

日本語訳 ▶ _____

✎ printing 名 印刷技術／literature 名 文学

☐ **(4)** More important is whether you understand the various cultural backgrounds .
▮▶

日本語訳 ▶ _____

✎ background 名 背景

☐ **(5)** Across the Pacific Ocean lies the American Continent .
▮▶

日本語訳 ▶ _____

✎ across ～ 前 ～の向こう側に／the Pacific Ocean　太平洋

解答

(1) 〈Hardly〉 can I believe [what she mentioned] .
　　否定の副詞(M)　　S　V　　　　　O
　　疑問文の語順
　　私は，彼女が言及したことがほとんど［到底］信じられない。

(2) 〈Only after he began living alone〉 did he realize the importance (of money) .
　　否定の副詞(M)　　　　　　　　　　　　　S　V　　　　O　　　　　M
　　疑問文の語順
　　一人暮らしを始めた後にようやく，彼はお金の大切さに気付いた。

(3) Advances (in printing) have made possible the development (of science and literature) .
　　S　　　　M　　　　V　　　C　　　O　　　　　　M
　　印刷技術における進歩は，科学と文学の発展を可能にした。
　　［印刷技術が進歩したおかげで，科学と文学が発展した。］

(4) More important is [whether you understand the various cultural backgrounds] .
　　C　　　　　V　　　　　　　　　　　　S
　　より重要なのは，あなたがさまざまな文化的な背景を理解しているかどうかである。
　　［あなたがさまざまな文化的な背景を理解しているかどうかが，より重要である。］

(5) 〈Across the Pacific Ocean〉 lies the American Continent.
　　場所の副詞(M)　　　　　　　　V　　　S
　　太平洋の向こう側に，アメリカ大陸がある。［アメリカ大陸は，太平洋の向こう側にある。］

Chapter **6**

次の英文を日本語に訳しましょう。意味を知らない単語は，辞書で調べましょう。

(1)『インターネットによって世界が変わった。』という文脈で

① The Internet is no longer concerned with information exchange alone. ② It is a sophisticated tool enabling individuals to create content, communicate with one another, and even escape reality.

青山学院大学 ※一部改題

① _____

② _____

_____

(2)『若い頃に良質な知的体験を得ることによって，頭を使うことが好きになる可能性がある。数学の授業は，その知的体験を得る素晴らしい機会となり得る。』という文脈で

Having tasted the pleasure in mathematics he will not forget it easily and then there is a good chance that mathematics will become something for him: a hobby, or a tool of his profession, or his profession, or a great ambition.

中央大学 ※一部改題

_____

_____

_____

_____

(3)『画面上ではなく紙上で読むことの利点』に関する英文で

① Understanding how reading on paper differs from reading on screens requires some explanation of how the human brain interprets written language. [2] Although letters and words are symbols representing sounds and ideas, the brain also regards them as physical objects.

同志社大学 ※一部改題

① _____

_____

_____

② _____

_____

(4)『光害（light pollution）』に関する英文で

[1] As researchers, we aim to unravel how light pollution is affecting coastal and marine ecosystems. [2] Only by understanding if, when and how light pollution affects nocturnal life can we find ways to mitigate the impact.

神戸大学 ※一部改題

① _____

_____

② _____

_____

_____

Words & Phrases

(1) concerned (with ～) 形 (～に) 関わって／名詞+ alone　～だけ／one another　お互い／even 副 ～さえ

(2) good 形 (数・量などが) 大きな／something 名 重要なもの [人] ／profession 名 職業／ambition 名 野望

(3) differ (from ～) 動 (～と) 異なる／interpret 動 ～を解釈する／written language　文字言語／letter 名 文字／represent 動 ～を表す／physical 形 物理的な／object 名 物

(4) aim to do 動 …しようと努力する／unravel 動 ～を解明する／coastal 形 海岸沿いの／marine 形 海の／ecosystem 名 生態系／nocturnal 形 夜行性の／life 名 生物／mitigate 動 ～を緩和する／impact 名 影響

解 答 ・ 解 説

(1) **復習ポイント**　５文型と「M」・形容詞句（不定詞・分詞）・ＳＶＯ＋ to *do*・並列と共通

文 構 造

① The Internet is 〈no longer〉 concerned 〈with information exchange alone〉. ② It is
　S　　　　V　　　　　M　　　　　C　　　　　　　　　　　　　　　　　　　M　　　　　　S　V

a sophisticated tool (enabling individuals to **create** content, **communicate** 〈with one
　　　　C　　　　　M　　　　　　　　　　　　　　原形①　　　　　　　　原形②

another〉, |and| 〈even〉 **escape** reality) .
　　　　　　　　　　　　原形③

解 説

① no longer は副詞句なので，C にはなれない（p.8）。直後の形容詞 concerned が C である。be concerned with ～ は「～に関わっている」，〈名詞＋ alone〉は「～だけ」の意味。②現在分詞句（enabling ... reality）が，名詞 tool を修飾する（形容詞句）である（p.90）。enable O to *do* は「O が…するのを可能にする」の意味（p.34）で，*do*（原形）の部分に，コンマ（,）と等位接続詞 and によって並列された原形 3 つ（create ... と communicate ... と escape ...）が置かれている（p.138）。

日 本 語 訳

①インターネットは，もはや情報交換だけに関わっているわけではない。②それ［インターネット］は，個々人がコンテンツを作成したり，お互いに意思を伝え合ったり，さらには現実から逃げたりすることさえも可能にする洗練された道具である。

(2) **復習ポイント**　副詞句②（分詞構文）・同格

文 構 造

〈Having tasted the pleasure 〈in mathematics〉〉 he will not forget it 〈easily〉 |and| 〈then〉
　　V　　　　　　O　　　　　　M　　　　　　S　　　　V　　　O　　M　　　　　　　M

there is a good chance [that mathematics will become something 〈for him〉 : a hobby,
　V　　　S　　　　　　　　　S　　　　　　V　　　　C　　　　　　　　　　　＝同格

or a tool (of his profession) , or his profession, or a great ambition] .
　　　　　　M

解 説

Having ... mathematics は，文頭に置かれた分詞構文（副詞句）である（p.106）。taste は文型によって意味が変わり，taste C は「C な味がする」，taste O は「O を味わう，O を味見する」である（p.12）。主語の he は，ここでは性別は関係なく「数学で楽しさを味わった人」を指しており，「その人」と訳すのがよい。名詞 chance「可能性」と，that 節（that mathematics ... ambition）は「同格」の関係であり，「…という可能性」と訳す（p.134）。ここでの good は「十分な」の意味。コロン（：）を挟んで，名詞句 something for him と，名詞句 a hobby ... ambition は「同格」の関係である（p.134）。ここでの something は「重要なもの」の意味。

数学で楽しさを味わえば，（その）人はその楽しさを容易には忘れないだろう。そして，数学がその人にとって重要なもの，すなわち，趣味，職業上の技能，職業，大きな野望の的になる可能性が十分にある。

(3) **復習ポイント** 名詞句（動名詞・不定詞・疑問詞＋不定詞）・Ｓを"副詞"的に捉える（無生物主語構文）・名詞節②（疑問副詞・関係副詞）・副詞節（接続詞）・形容詞句（不定詞・分詞）・ＳＶＯＣをとれる動詞

文 構 造

① [Understanding [⟨how⟩ reading ⟨on paper⟩ differs ⟨from reading on screens⟩]] requires
S   M   S   M   V   M   V

some explanation (of [⟨how⟩ the human brain interprets written language]) .
O   M   M   S   V   O

② ⟨Although letters and words are symbols (representing sounds and ideas)⟩,
         S   V   C   M
M

the brain ⟨also⟩ regards them as physical objects.
S   M   V   O   C

解 説

① Understanding ... screens は動名詞句で，主語の役割である（p.68）。この無生物主語を「…を理解することは」と訳してもよいが，「…を理解するためには」のように，副詞的な訳出の方が日本語としてより自然になる（p.130）。how は，[名詞節]を作る疑問副詞で，《how + SV ...》の形で「どのように…か」と訳す（p.76）。②接続詞 although SV ...「…だが」は従属接続詞で，⟨副詞節⟩を作る（p.110）。representing sounds and ideas は，名詞 symbols を修飾する形容詞句（現在分詞）である（p.90）。regard O as C は「OをCと見なす」の意味で，SVOC 型である（p.28）。

日 本 語 訳

①紙上で読むことと画面上で読むことがどのように異なるかを理解するためには，人間の脳が文字言語をどのように解釈しているかについて少し説明が必要である。②文字や単語は，音や考えを表す記号であるが，脳は，それらを物理的な物であると見なしてもいる。

(4) **復習ポイント** ５文型と「M」・名詞節②（疑問副詞・関係副詞）・並列と共通・倒置・名詞節③（接続詞）・形容詞句（不定詞・分詞）

文構造

① ⟨As researchers⟩, we aim to unravel [⟨**how**⟩ light pollution is affecting coastal and
　　　　M　　　　　S　　　V　　　　　　　M　　　　　　　S　　　　　　　V　　　　　O
　　　　　　　　　　　　　　　　　　　　　O

marine ecosystems]. ② ⟨**Only** by understanding [**if**, **when** and **how** light pollution
　　　　　　　　　　　　　　　　　M（否定の副詞）　　　　　　　　　　　　　　　　　　S

affects nocturnal life]⟩ can we find ways (to mitigate the impact).
　　V　　　O　　　　　　　　S　V　　O └ = ┘

解説

① As researchers は「前置詞＋名詞」で副詞句。前置詞が付いた名詞は S にはなれない（p.8）。how は［名詞節］を作る疑問副詞で，《how SV ...》の形で「どのように…か」と訳す（p.76）。②文頭に否定の副詞 Only が置かれているため，後続が can we ... と疑問文の語順（倒置）になっている（p.146）。コンマ（, ）と等位接続詞 and によって，［名詞節］を作る3つの語（接続詞 if，疑問詞 when，how）が並列されている（p.138）。名詞節を作る接続詞 if は「…かどうか」，when は「いつ…か」，how は「どのように…か」と訳す（p.76, p.80）。不定詞句（to mitigate the impact）は，名詞 ways を修飾する（形容詞句）を作る不定詞（p.90）で，同格（p.134）の関係である。

⟨ Only by understanding 　┌ if ┐
　否定の副詞(M)　　　　　│ when │　light ~ life ⟩ can we find ~.
　　　　　　　　　　　　│ and │　　　　　　　疑問文の語順
　　　　　　　　　　　　└ how ┘

日本語訳

①研究者として，私たちは，光害が海岸沿いと海の生態系にどのように影響を与えているのかを解明しようと努力している。②光害は，夜行性の生物に影響するのかどうか，いつ，どのように影響するのかを理解することによってのみ［理解することによってようやく］，私たちはその影響を緩和する方法を見つけることができる。

英文を読んで，問題に答えましょう。

(1) ①〜⑲のすべての英文に記号（S・V・O・C・M）を記しましょう。

(2) ②・⑦・⑬・⑯・⑲を日本語に訳しましょう（ノートなどに実際に書いてみましょう）。

(3) 後の問 1・問 2 を解きましょう。

> You are one of a group of students making a poster presentation for a wellness fair at City Hall. Your group's title is *Promoting Better Oral Health in the Community*. You have been using the following passage to create the poster.

① In recent years, governments around the world have been working to raise awareness about oral health. ② While many people have heard that brushing their teeth multiple times per day is a good habit, they most likely have not considered all the reasons why this is crucial. ③ Simply stated, teeth are important. ④ Teeth are required to pronounce words accurately. ⑤ In fact, poor oral health can actually make it difficult to speak. ⑥ An even more basic necessity is being able to chew well. ⑦ Chewing breaks food down and makes it easier for the body to digest it. ⑧ Proper chewing is also linked to the enjoyment of food. ⑨ The average person has experienced the frustration of not being able to chew on one side after a dental procedure. ⑩ A person with weak teeth may experience this disappointment all the time. ⑪ In other words, oral health impacts people's quality of life.

（中略）

^⑫ Dentists have long recommended brushing after meals. ^⑬ People actively seeking excellent oral health may brush several times per day. ^⑭ Most brush their teeth before they go to sleep and then again at some time the following morning. ^⑮ Dentists also believe it is important to floss daily, using a special type of string to remove substances from between teeth. ^⑯ Another prevention method is for a dentist to seal the teeth using a plastic gel (sealant) that hardens around the tooth surface and prevents damage.   (中略)

^⑰ Visiting the dentist annually or more frequently is key. ^⑱ As dental treatment sometimes causes pain, there are those who actively avoid seeing a dentist. ^⑲ However, it is important that people start viewing their dentist as an important ally who can, literally, make them smile throughout their lives.

Your presentation poster:

Promoting Better Oral Health in the Community

Importance of Teeth

A. Crucial to speak properly
B. Necessary to break down food
C. Helpful to enjoy food
D. Needed to make a good impression
E. Essential for good quality of life

(中略)

Helpful Advice

1	2

問1　Under the first poster heading ("Importance of Teeth"), your group wants to express the importance of teeth as explained in the passage. Everyone agrees that one suggestion does not fit well. Which of the following should you **not** include?

① A　　　② B　　　③ C　　　④ D　　　⑤ E　　　_____

問2　Under the last poster heading ("Helpful Advice"), you want to add specific advice based on the passage. Which two of the following statements should you use? (The order does not matter). [1] [2]

① Brush your teeth before you eat breakfast.

② Check your teeth in the mirror every day.

③ Make at least one visit to the dentist a year.

④ Use dental floss between your teeth daily.　　_____ _____

共通テスト　※一部改題

Words & Phrases

brush 動～を磨く／teeth 名歯（tooth の複数形）／multiple times　複数回，何度か／
per ～前～あたり，～につき／likely 副可能性が高い／crucial 形重要な／chew 動噛む／
break O down / break down O　O を砕く，分解する／digest 動～を消化する／seek 動～を得ようとする／
prevention 名予防／seal 動～をコーティングする／plastic 形合成樹脂製の，プラスチック製の／
gel 名ジェル／sealant 名シーラント／harden 動固まる／surface 名表面／prevent 動～を防ぐ／
ally 名味方／literally 副文字通り，本当に／throughout ～前～を通してずっと

解 答 ・ 解 説

(1) 文 構 造

① 〈In recent years〉, governments (around the world) have been working 〈to raise awareness (about oral health)〉.

② 〈While many people have heard [that brushing their teeth 〈multiple times per day〉 is a good habit]〉, they 〈most likely〉 have not considered all the reasons (〈why〉 this is crucial).

③ 〈Simply stated〉, teeth are important.

④ Teeth are required 〈to pronounce words 〈accurately〉〉.

⑤ 〈In fact〉, poor oral health can 〈actually〉 make it difficult [to speak].

⑥ An even more basic necessity is [being able to chew 〈well〉].

⑦ Chewing breaks food 〈down〉 and makes it easier [for the body to digest it].

⑧ Proper chewing is 〈also〉 linked 〈to the enjoyment of food〉.

⑨ The average person has experienced the frustration (of not being able to chew 〈on one side〉 〈after a dental procedure〉).

⑩ A person (with weak teeth) may experience this disappointment 〈all the time〉.

⑪ 〈In other words〉, oral health impacts people's quality (of life).

⑫ Dentists have 〈long〉 recommended [brushing 〈after meals〉].

⑬ People (〈actively〉 seeking excellent oral health) may brush 〈several times per day〉.

⑭ Most brush their teeth 〈before they go 〈to sleep〉〉 and 〈then〉 〈again〉
〈at some time〉 〈the following morning〉.

⑮ Dentists 〈also〉 believe [it is important [to floss 〈daily〉, 〈using
a special type of string (to remove substances from between teeth)〉]].

⑯ Another prevention method is [for a dentist to seal the teeth 〈using
a plastic gel (sealant) (that hardens 〈around the tooth surface〉 and prevents
damage)〉].

⑰ [Visiting the dentist 〈annually〉 or 〈more frequently〉] is key.

⑱ 〈As dental treatment 〈sometimes〉 causes pain〉, there are those 〈who 〈actively〉
avoid [seeing a dentist]〉.

⑲ 〈However〉, it is important [that people start [viewing their dentist as
an important ally (who can, 〈literally〉, make them smile 〈throughout their
lives〉)]].

(2) 日本語訳

> あなたは市庁舎における健康フェアに向けてポスターを使ったプレゼンを行う学生グルー
> プの1人です。グループの題名は「地域住民のより良い口内の健康促進」です。あなたは,
> ポスターを作るために次の一節を使用しています。

　①近年, 世界中の政府は, 口内の健康についての意識を高めるために努力している。②多く
の人が, 1日に複数回歯を磨くことは良い習慣であると聞いたことがあるが [聞いたことがあ
る一方で], 彼らは, これが重要であるあらゆる [すべての] 理由について考えたことがない可
能性が極めて高い。③簡単に言うと, 歯は大切である。④単語を正確に発音するために, 歯は
必要である。⑤実際, 口内の健康状態が悪いと, 話すことが難しくなる [悪い口内の健康状態は,

話すことを難しくする]。⑥さらに基本的に必要なことは，うまく噛めることである。⑦噛むことによって，食べ物が砕かれ，体がそれをより容易に消化できるようになる。[噛むことは，食べ物を砕き，体がそれを消化することをより容易にする。]⑧正しく噛むことは，食べ物を楽しむことにも関連している。⑨普通の人は，歯の治療の後，一方の側で噛むことができないイライラを経験したことがある。⑩弱い歯を持っている人［歯が弱い人］は，この落胆を常に経験するかもしれない。⑪言い換えると，口内の健康は，人々の生活の質に影響するのである。　（中略）

　⑫歯科医たちは，長らく，食事の後に歯を磨くことを推奨してきた。⑬積極的に素晴らしい口内の健康を得ようとしている人々は，1日に複数回歯を磨くかもしれない。⑭ほとんどの人々は，寝る前に歯を磨き，そして次の朝のある時に，再び歯を磨く。⑮歯科医は，歯の間から物質［つまったもの］を取り除くための特別なタイプの糸を使って，毎日フロスすることが重要である，と信じてもいる。⑯別の予防方法は，歯の表面の周りで固まり，損傷を防ぐ合成樹脂製のジェル（シーラント）を使って，歯科医が歯をコーティングすることである。　（中略）

　⑰1年に1度，またはそれ以上の頻度で歯科医を訪れることが，重要である。⑱歯の治療は時々，痛みを引き起こすため，歯科医に診てもらうのを意図的に［積極的に］避ける人がいる。⑲しかし，人々が，歯科医は，人生を通じて自分たちを文字通り［本当に］笑顔にさせてくれる大切な味方であると見なし始めることが，重要である。

(3) 解答・解説
問1　最初のポスター見出し（"歯の大切さ"）で，あなたのグループは，文章で説明されている歯の重要性を表現したいと思っている。皆が，ある案がうまくあてはまらないことに同意している。次のうち，含めるべきで**ない**のはどれか。
　　① A 適切に話すために重要である （④⑤より）
　　② B 食べ物を砕くために必要である （⑥⑦より）
　　③ C 食べ物を楽しむために役立つ （⑧⑨⑩より）
　　④ D 良い印象を与えるために必要とされる （言及されていない）
　　⑤ E 良い質の生活のために必要不可欠である （⑪より）

問2　最後のポスター見出し（"役に立つアドバイス"）に，あなたは文章に基づいた具体的なアドバイスを追加したいと思っている。次の文のうち，どの2つを使うべきか。（順番は問わない。）
　　① 朝食を食べる前に歯を磨こう。（⑫より。Dentists have long recommended brushing after meals. とあり，歯を磨くことが推奨されているのは，食事の後であると分かる。よって，不適切。）
　　② 毎日鏡で歯をチェックしよう。（言及なし）
　　③ 少なくとも年に1回は歯科医を訪れよう。（⑰より）
　　④ 毎日歯の間に，デンタルフロスを使おう。（⑮より）